JN070359

愛嬌力で
人生がピカピカに輝く！
きらめく50代からの人生に必要な五つの力

長谷川いっこ／著
佐藤右志／イラスト

Clover
クローバー出版

はじめに

こんにちは。この本を手に取っていただきありがとうございます。愛嬌家®の長谷川いっこと申します。

愛嬌家®って、なんで名乗っているかというと、61年の人生で手に入れてきたものはすべて思い起こせば【愛嬌】だけで何とかなってきたからです。

学歴も育ちも人脈も資産も自信も、ナイナイ尽くしの私がなぜ二十歳の時に独立起業の道を選んだのか？　そして、還暦になってもなお、ずっと続けてこられたのか？

それは、大好きな母が、若くして亡くなった体験が引き金です。

その体験は、ビンボー長屋で生まれ育ち、ずっと引っ込み思案で自信がなかった私に「このままじゃ嫌だ。変わりたい」という強い気持ちを引き出してくれました。

母が生きられなかった時間を自由に生きられるようになりたい。母の分まで幸せな人生を生きていきたい。

そう思ってがむしゃらに、寝る暇も惜しんで必死のパッチで挑み続けました。

今思えば、よくあそこまでできたなってくらい一生懸命でした。どうやって子どもたちが大きくなったのか覚えていないくらいです。

そのおかげで会社も25期目に入りました。

でも、還暦になってふと思うのは「お母さんって、ホントは不幸じゃなかったのかも?」「お母さんの分まで幸せに生きたいって、おこがましい思いだったんじゃないかな?」ってこと。

母が死んだ時、母の親友が「いっこちゃんのお母さんね、三人の子どもに楽しませてもらったって言ってたよ！」って言われたのを思い出して、何だかジーンときちゃったんです。

ずっと、幸せになるために成功しなきゃ！　とか、幸せになるために稼げる人にならなきゃ！　って思い込んでひたすらやってきたけど、どんなに大きな家に住んでも、使いきれないほどのお金があっても、その人が毎日【ごきげんさん】でいられなかったら幸せって言えるのかな？

生まれ育ったビンボー長屋には、子どもたちの遊ぶ笑い声と、隣の家の煮物の匂いと、おじちゃんの怒鳴り声がありました。離れてしまった今、相変わらず自信もコネも学歴も何にもないけれど、長屋の暮らしを思い出せば、今でもほっこりと幸せを感じるんです。

地位や名誉や財産……それらを手に入れることが幸せになるってことじゃなくて、それを手に入れた時にどんな気持ちになるのか？ってことが大切。

絶対！【ごきげんさん】になっているよね。その気持ちを味わうために、それらを手に入れたいとみんな努力をするわけで……。

でも、その【ごきげんさん】な気持ちはビンボー長屋にいた時でも味わっていたんだよなぁ～って、61年生きてきてやっと気づいたんです。

だから、毎日【ごきげんさん】でいられたら人生ハッピー！ 生きてて良かったたって感じちゃうよ！

今の私。

事業経営者で、妻で、母で、嫁さんで、そして娘で。

いっぱいのキャストをこなしながら毎日【ごきげんさん】で生きるに

は、必要なチカラがあるのです。

みんなが毎日【ごきげんさん】で暮らせたら、イライラもシクシクも減って世界が平和になっちゃうよねっ！

そして、人生の最後の最後まで「あ〜生きてるって素晴らしい！」って思えるように、大人になった皆さんに贈ります！

最後まで楽しんでお読みいただけると嬉しいです。

愛嬌家®　長谷川いっこ

もくじ

第二章　人と人をつなぐ！ コミュニケーション力

第三章　結局最後はこれ！　愛嬌力

第四章　しんどい時ほど上を向く！　ごきげん力

第五章　清々しくさよならする　卒業力

第六章　年を取っても頭も体も柔らかく!　柔軟力

第一章

もう一花咲かせるよ！
人生の後半戦を輝かせる力

私の人生山あり谷あり……思えば遠くに来たもんだ

もの心ついた頃から、長屋コミュニティが私の世界のすべてでした。

狭い路地に何軒もの平屋がひしめき合って建っていて、ガラガラと開く引き戸に一応鍵は付いていたけど、たぶん鍵をかける家はなかったと思う。

私自身も、高校を卒業して長屋を出るまで一度も鍵をかけたことがなかったから。

たぶんドロボーが入っても、盗られるものがないってのが大きな理由だろうけど……。

私は、フーテンの寅さんのモデルなんじゃないかと思えるような破天荒な父と、極度の心配性の母に育てられました。

幼い頃は、周りがみんな同じ世界の住人だったから、寅年の父譲りのちょっと破天荒な寅年娘。正しいことは正しいでしょ！　みたいな感じで、弱い者いじめをしている近所のガキ大将に立ち向かったりもしていたけれど、中学生になって別の世界の人たちが集まる場所に通うようになったら、途端に母譲りの心配性が発動して周りの目を気にしては言いたいことも言えずに飲み込んで、後悔ばかりするようになっていきました。

そんな自分に満足していたのかというとそんなことはなくて、できることなら変わりたい。言いたいことを言えるようになりたい。心の奥ではいつもそう思っていました。

でも、そんな勇気は1ミリもなくて、なるべく目立たず、波風を立てず、平穏無事に生きていました。

その頃の私が、今の私を見たらきっとびっくり仰天、ひっくり返ると思います。

ビビリながら、ドキドキしながら新しいことにチャレンジして、失敗から学んで成長して、またビビリながらドキドキしながらチャレンジしてみる。

そんな中で痛感したことは、お金も縁も運もすべては自分の【勇気】でどうにかなるってこと。

どんなテクニックやメソッドを学んでも、【勇気】がなかったら、それは意味をなしません。

何回も何回も、時には泣きながらでも勇気振り絞ってきたなぁ〜。

そのおかげで、こんなに遠くまで来られたんだよねっ。ありがとう!

あの頃の私。

母を見送って考えた

私が、変わることができた大きなきっかけは母の死でした。

母は小柄で優しくて、いつもニコニコしていてものすごくいい人でした。

誰からも嫌われず、波風立てずに生きている人でした。

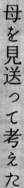

長屋コミュニティの狭い世界で生活していたので、上手く生きていくために常に周りに配慮して人の目を気にして、心配していたのだと思います。

なぜかと言うと、父は短気で他人からどう思われようと「嫌なものは嫌だ」と自分の思っていることは何でも口に出し、自分の中の正義は決して曲げない人だったから。

そんな父の行動を、母はいつも大丈夫なのだろうか？　何かトラブルにならないだろうか？　と心配して、ハラハラドキドキしながら生きていたのだと思います。


そんな両親を見ていて、短気で気に食わないことがあると怒鳴ったり、ちゃぶ台をひっくり返す父が怖かったし、そんな父に振り回されて、心配したり泣いたりしている母がかわいそうでたまりませんでした。


どんなにいい人でも、周りから好かれていても、死んでしまったら人生はそこでおしまいです。

周りに気を遣い、嫌われないように迷惑をかけないように、いつも心配していた母は果たして幸せだったんだろうか？

自分の言いたいことを、一度でも言ったことがあったのだろうか？

自分のやりたいことを、一度でもやってみたことがあったのだろうか？

小さい時は戦争で苦労して、大人になって結婚しても三人の子どもの子育てと日々の生活のために働いて、やっと私が働きだして少しは楽させてあげられるかと思った矢先に病気になって……母の人生は……一人の女性の人生として、幸せって言えたのかな？

そう疑問に思ったからこそ、私はその時に決めたのです。

変わろう！　変わりたい！

母の分まで幸せになろう。母の分までやりたいことをやろう。誰にどう思われても、自分の中の正義は貫こう。怖いけど勇気を出して言いたいことは言える人になろうって……。

これからの時代って？ 風の時代

がむしゃらに突っ走ってきた人生の還暦間近に、世界は今までに経験したことのないコロナ禍に突入しました。

それと同時に、スピリチュアルの世界では約220年続いた土の時代から風の時代に突入したと言われています。

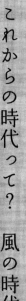

土の時代の性質を一言で言うと、物質の時代。それに対して風の時代は、精神の時代と言えるそうで、【モノ】より【コト】の時代に移り変わっていくということらしいです。

私も、土の時代に成功や幸せが、モノやお金をたくさん持つことだと思い込んで、さらに知らないうちに知らない誰かと競争してしまっていたんじゃないのかな？

生きるってなんだろう？　仕事ってなんだろう？　幸せって？

私みたいに、生き急いでいると気づかなくて、生き急いでいると見つからない。探して探して疲れ切っている人がたくさんいたんじゃないかな。


誰かと比べたり、他人の価値観で生きたり、人の目を気にしたり、モノに執着したり。そんなものを得るために、何かを犠牲にしてものすごい勢いで突っ走って、その結果収入が爆上がりしたとしても、それは幸せって言えるのかな？　心の底から幸せです！　って言えるのかな？

そう思ったから、私はまた新たに決めたのです。変わろうって……。

これからは、楽しく成功しよう。

楽しく収入を爆上げしよう。

楽しく学んで、楽しく失敗して、楽しく成長しよう。

人生はいつだって今日が一番新しい日。だからこそ、今に集中して今のままの自分で人生を楽しもう。今のままの自分で何ができるのか？

その可能性に挑戦しよう。


還暦になって、やっと思い出せた。人生は冒険するためにあるってこと。その冒険を楽しまなくちゃ損だよね。

人生１００年時代！　まだまだこれから成長です。

これからを生き抜くために必要なのは五つの力

ナイナイ尽くしだった私が、どうして今日もごきげんで生きていられるのか、不思議に思いませんか？

人生の後半戦を輝かせ、ごきげんで暮らすためには、ある「五つの力」が必要です。それらを身につけることで、この先の人生が輝くものになること間違いありません。経験者の私が保証します！

まずは、その五つの力についてざっくりお伝えしますね！

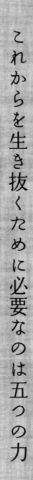

① コミュニケーション力

私は、長屋コミュニティで育ったおかげで、人間関係が良くなると、いろいろなことがスムーズに思い通りの方向へ進んでいくことを自然に知ることができました。

人に可愛がられて好かれると、多くの味方ができるので、あらゆる分野の関係者を紹介してもらえたり、有益な情報を提供してもらえたりします。

生き抜くためには、人からの協力は不可欠です。いくら実力と才能があっても一人でできることはたかが知れています。

可愛がられる　↓　好かれる　↓　信頼される

そんな人間でいると、周りが勝手に引き上げてくれます。何かあった時にも、すぐに助けてくれます。ビジネスに限らず、辛い時に一緒にいてくれる人がいるというのも、とても心強いことです。

②愛嬌力

社会に出てから、能力、知識、たくさんのものを持っていても、上手くいかない人をたくさん見てきました。それにより、人間関係の極意の中でも、女性には愛嬌力が必要であり、人に応援されすべてを手に入れられる力だと確信しました。

その結果、仕事、家庭、収入、など自分の思い描いた通りの幸せを手に入れることができました。

男勝りについ頑張り過ぎてしまい、女性としての幸せを失ってしまう人。

真面目で一生懸命、でも甘えることが苦手でつい損をしてしまう人……当てはまる方、たくさんいらっしゃいますよね。

愛嬌ひとつで応援され、夢の実現に加速度がつき、一度きりの人生を自由に選択できる。愛嬌力は、やわらかい武器になります。

③ ごきげん力

ごきげんさんの周りには、いつも良い気が流れています。
ごきげんさんの周りには、いつも良い人が集まります。
ごきげんさんの周りには、いつも良い情報が舞い込みます。

なぜでしょう?
それは、イソップ寓話の『北風と太陽』の物語でも語られている、旅人のコートを脱がせることができた太陽のように、ごきげんさんは人をポカポカ陽気で包み込んで、人をいい気分にさせて人に好かれるからです。

誰だって、イライラ・ピリピリ・メソメソしている人、機嫌の悪い人のそばに居たくないですよね？

そんな人からはなるべく、距離を置きたいと思うのが普通です。

④卒業力

卒業力とは、手放すチカラ。長い人生の中でたくさんのモノやコトやヒトと関わってきて、しがらみとか、恩とか、重圧とか切っても切れない関係性に振り回されたり泣かされたり。

でもね、自分の大事な人生後半戦を輝かせるために、さよならするのも大切なこと。

手放すって何か〝悪〟なイメージだけど、清々しくさよならしちゃったら急に視界が開けるよ。

人生後半戦のための卒業力。

⑤ 柔軟力

年を重ねると体って固くなったなぁ〜って思うけど、ホントは柔らかいほうが健康的にもいいいんだよね。

体が柔らかいと、ケガもしにくいらしいし……。

それと同じで思考も柔らかいほうがいいに決まってる。人生経験が増えれば増えるほど、自分の過去の経験値で何でも判断しそうになる。

令和の今、自分が経験してきた時のスピードとは全然比べ物にならないくらいのハイスピードで世の中が変化しているんだから、人生後半戦を輝かせるためにも柔軟力をつけていきましょう。

人生後半戦！まだまだもう一花さかせましょ！

映画やドラマを見る時に、やっぱり最後はハッピーエンドが気持ちいい。波乱万丈な展開でも最後にハッピーエンドで終わってくれれば、良かったぁ～ってあったかくなる。

だから、自分の人生ドラマも何があっても最後はハッピーエンドになるって信じてる。いや、ハッピーエンドにするって思ってる。

だって、シナリオは自分で書いていいんだから。

誰の人生にも紆余曲折、いろんなドラマがあるよね。嬉しいことも楽しいことも、悲しいことも苦しいこともいろんなシーンや事象が起きた時に、誰かのドラマの脇役か？　自分のドラマの主役か？　で感じ方や捉え方が変わってくるって思う。

誰かのドラマの脇役じゃなく、自分のドラマの主役で生きよう。

自分のドラマの脚本家で監督で主演女優。

今思えば、どんな苦労の時も悲惨にならなかったのは、自分のドラマを生きているって自覚があったからだと思う。

生きていれば辛いことや苦しいことは誰の人生にも少なからず訪れる。

でも、自分の書いたシナリオの中で訪れる苦労や苦難は絶対に乗り越えられるし、乗り越えるための努力はちっとも苦にならない。

逆に、その苦労を乗り越える自分がカッコイイし、楽しくて仕方ないくらい。

だからまず、私のドラマはハッピーエンドになるって決めよう。そこからシナリオを書いたらいい。

ハッピーエンドになるためのキャストだって自分で決めていいんだよ。

人生後半戦！　自分の人生ドラマを自分史上最高のハッピーエンドにするために、まだまだもう一花咲かせましょ！

第二章

人と人をつなぐ！コミュニケーション力

やっぱり人間、一人じゃ生きていけないんです

二十歳の時に、人生を変えたいって思って、まず自分が変わろうって決めた。

60年間生きてきて、いろんな人に出会ったけど、人生変えたいけど自分は変わりたくないっていって人がいるのに時々驚かされる。

今の自分だから今の人生なのに、人生は変えたいけど自分は変わりたくないいって何か矛盾しているよね。

二十歳の時に変わろうって決めて、その時から私の人生のテーマは「自由に生きる」だ。だから、26歳で建てた賃貸住宅の物件名は「リバティハウス」だし、37歳で設立した会社は「有限会社リバティ」なのです。

英語で自由って、大きく分けて「リバティ」と「フリーダム」があるんだって。

「ステーツ オブ リバティ」……当時の王政から市民が勝ち取った自由＝「リバティ」。

言論の自由「フリーダム オブ スピーチ」みたいに、現代の民主主義国家において、元々権利として認められている自由＝「フリーダム」。

能動的に得る自由と、受動的に得る自由の違いでしょうか。

私の場合、元々ナイナイ尽くしから始まっているので、勝ち取る自由を意味する「リバティ」がしっくりくる。

じゃあ、自由に生きるって、どうなったらそう思えるのか？ 二十歳の時に、「経済的な自由」「時間的な自由」「精神的な自由」が手に入ったらいいなぁ〜って漠然と思って、いろんなことにチャレンジし続けて、はや40年。

今もこれからも、「自由に生きる」ための飽くなき挑戦は続くのです。


でもね、はき違えちゃいけないのは、自由と自分勝手は紙一重だってこと。

自由には責任も伴うよ！　ってことなんです。

だから、自由に生きるって、実はすごい人になるってことじゃなくて、いかにたくさんの人のお力をお借りできる人になるかってことが肝だと思う。


最近、ワンオペ育児って言葉をよく聞くけど、ワンオペ育児って言葉がない時から、女性はいくつもの役目をこなしてきたよね。

母だったり、妻だったり、嫁だったり、仕事人だったり……ホントに、体がいくつあっても足りないって感じ。

それでも、理想の自分っていう未来は叶えたいし諦めたくない。

そんな、頑張っている女性こそ、自分一人の力でやろうとするんじゃなくて、いろんな人の力を貸してもらって、頑張ったほうがいいんだよ。

私も起業して三年目くらいの頃、上の子が小学生で、下の子が年中さんの時にどうしても仕事で遅くなる日が続いて、子どもたちに負担がかかるのは嫌だしどうしようって思っていたら、ちゃんと助けてくれる人が現れたんだよねぇ〜。

いつも、可愛いワンちゃんとお散歩していて、すっごく上品なのに気さくなご婦人が同じマンションだったんだけど、ご挨拶したり、息子たちがワンちゃんと遊んだりして親しくなっていたら、自分は子育ても終わっているし、若い頃保母さんをしていたから仕事で遅くなる時は、良かったら預かってあげるわよぉ〜って言ってくれて、シッターさんをしてもらうことになったんです。

もう、ホントにあの時は神様が下りてきたぁ〜って思ったよねぇ〜。周りからは、仕事と子どもどっちが大事なの？　とかいろいろ言われたり思われたりもしたけど、二十歳の時に決めた「自由に生きる」ってことを諦めたくなかった。

自分が自由に生きたいからこそ、子どもたちに負担が少ない方法を考えて考えて試行錯誤していたら、助けてくれる人が現れた。

どんなに頑張っても頑張っても、一人じゃ解決できないことがある。一人じゃ上手く進めない時がある。

だからこそ、仕事も恋も、家族や友人との時間も毎日頑張っている女性が少しでも生きやすく、どんな状況でも夢を諦めないで進むには誰かの助けが必要なんです。

大きなことを成し遂げたいと思う人ほど、たくさんの人の協力が必要不可欠。どんなに素晴らしい才能やスキルがあっても、一人で成し遂げられることはたかがしれています。

この人になら協力したい。この人となら一緒に事業がしたいと思ってもらえる自分になる。これが「自由に生きる」を達成するための必須条件だったって今なら分かる気がします。

やっぱり人間、一人じゃ生きていけないから……。

長屋で育まれた最強コミュニケーション力

長屋コミュニティで培ってきた人間関係の学びが、自由に生きるってことに役に立つなんて思ってもみなかった。

まず、長屋コミュニティでは自分のお母さん以外にもたくさんのお母さん的存在がいて、朝帰りが見つかった日にゃ、長屋コミュニティのおばさん達に説教されるのが日常茶飯事。

そんな時は、長屋コミュニティのおばさん達に反抗してはならない。むしろ「バレた~!!　怒られそうになったら助けて~」なんてお茶目に対応し、こちらの味方に引き込んでしまうなど、敵を作らず甘え上手になるってことを、自然に身につけることができた。

敵を作らず甘え上手になるには、媚びるとか、おべっかを使うとか、そんな上辺だけのものじゃなくて、その人の懐に入り込むって感じだ。その人の懐に入り込むには、まず、その人の役に立つこと。喜んでもらえること。こいつなかなかやるな! とか、こいつ可愛いやつだな! って思ってもらえるような行動をすること。

例えば、
何か頼みごとをされたら間髪を入れずに引き受けて、できるだけ早く実行する。
何かしてもらったら、倍返しでお礼する。
など……。

そうすると、困った時に相手のほうから何かできることある? って手を差し伸べてくれるようになる。

前述の同じマンションのご婦人がシッターさんを申し出てくれたのも、その時に急にそういう展開になったわけじゃなくて、そうなる前から、お会いしたらニコニコご挨拶したり、頂き物があったらお裾分けしたり、時間がある時は立ち話したり、少しずつ他人が知人になって、知人が友人になって信頼関係を築いていたからなんだよね。

手を差し伸べてもらったら、心からの感謝で思い切って甘えさせてもらうと、ものすごい勢いで絆ができてこの子を応援してあげたいってなるんだよね。親切を受け取るって、甘え下手の人には難しいかもしれないけれど、これがすごく大事なのです。

それと、誰にでも謙虚で、いつもごきげんでいることを心がけるようにした。

ごきげんな人のそばにいると自分も明るい気持ちになれるし、気持ちがいい。

だから、誰にでもごきげんでいると、知らず知らずに周りに人が集まってくれたり、人が人を呼んできてくれたりする。

それが結果的に、「この子になら自分の友達を紹介してもいいな」って思ってもらえるみたいで、まさに「友達の友達はみな友達だ、広げよう友達の輪」って感じで、どんどん広がっていった。

そして、たくさんの知り合いができれば、たくさんの知恵や能力が集まる。いい循環が生まれていくわけです。

自分はちっぽけな存在で、自分一人では成し遂げられないことのほうが多いことを重々承知しているので、何とかしようとジタバタしたりせずに、素晴らしい人たちの素晴らしい叡智をお借りする。そうやって、甘えさせていただきながらの「愛される自由人計画」は、現在も絶賛進行中、おそらく死ぬまで続行予定なのです。

コミュニケーション向上の鍵は、聴き上手

コミュニケーションと聞くと、「会話が弾んでいる様子」みたいなイメージがあって、二十歳の頃は一生懸命、会話を弾ませるってことに力を使っていたと思う。

でも、信頼関係を築いていくのに、本当は人って自分の話をちゃんと聞いてほしいものなんだってことに気づいたんだよね。

子どもが小学生だったある日、夕食後に私と息子がテレビを見ながら何か話していて、私はうんうんって聞いていたんだけど、急に息子がキレて「ママ！　話聞いてない！」　って泣きだした。

私は聞いているつもりだったんだけど、頭の中は仕事のことや他の

ことでいっぱいで、息子の話は上の空で聞いていたのかもしれない。

起業してからも、セミナーに参加して勉強したり本を読んだり、自分の成長のために学び続けて、ある時「聞く」と「聴く」の違いを知った。

「聞く」は、ただ単に話を「きく」場合を指します。
「聴く」は、注意深く（身を入れて）、あるいは進んで相手の話に耳を傾ける場合を指します。

右は、あるセミナーで学んだ一文です。

人は、相手が「聴いて」いるのか、「聞いて」いるのかが不思議と分かるみたいで、誰もが聴いてくれる人が好きです。

そのことを学んでからは、「聴く」を意識するように努めました。

そうしたら、相手が今まで話さなかったようなことまで自然と話してくれるようになりました。

そして、相手の話をきちんと聴いているつもりでも、相槌を打つか、打たないかで話の流れもまったく変わってきます。

「うんうん」「それで」「そうなんだ」などの相槌を打つと、話をしっかり聴いていることが伝わり、どんどん話をしてくれます。


話し上手より、聴き上手を実践しているうちに、会話の中から相手と自分の共通点を見つけられるようになった。

共通点があると、相手は急速にフレンドリーになってその後の話がスムーズになるし、一気にプライベートな話までしてくれたりします。


人って、自分がワクワクしたことや新しい発見を人に話したい！ って思うのが常だよね。

そのことを誰かに話したーい！　ってなった時に、聴いてくれる人を思い出す。

聴いてくれる人に、このワクワクを伝えたい！ この発見を伝えたい！ この新情報を伝えたい！ ってな具合に。

だから、聴き上手になるのは相手のためのようだけれど、実際には自分のためだったりもするよね。

相手へのリスペクトを忘れずに

初めてお会いした方が、明らかに自分より年下に見えたとしても、私は必ず敬語を使うようにしています。

どんな人でもどんな人生でも、生きている限りいろいろなことがあって、今に至っています。

どんなに若くても私には計り知れない人生の荒波を乗り越えてきたかもしれませんし、今まさにその渦中にいるかもしれません。今がどんな状況であれ、一度きりの人生でその方に出会えたことに感謝しかありません。人生の荒波を乗り越えていることに、心から尊敬しかないからです。

私の周りの成功している女性たちは、成功していればいる人ほど謙虚な女性が多いです。

「実るほど頭《こうべ》を垂れる稲穂かな」ということわざは、ホントだなって思います。

かたや、素晴らしいスキルがあって、すごい仕事ができて、とても素敵な人なのに、なんとなく人を見下した感じの上から目線の女性は、ある一定のところまで行けても、それ以上にならないなぁ～って人が多い気がします。

上から目線の女性って、ものすごく自信があるからそういう言動になってしまうのか？　はたまた、まったく自信がないことの裏返しで強がっているのか？　実際のところは分からないけど、そんな女性って話せば話すほど中身が薄っぺらだぁ～って感じることが多いです。

その手の女性に遭遇した時は、いつも自分もそうならないように……

と、気をつけています……まあ、ビンボー長屋の環境で育ったおかげで、上から目線になりたくてもなれないのですけどね。

男でも女でも、年上でも年下でも、経営者でも主婦でも、どんな人でも自分の自己重要感を満たしてくれる人が好きです。自分がその人にとって重要な存在だ。自分は価値のある存在だという感覚をもたらしてくれる人と、また会いたいと思うものです。

この人と会うと、何かいい気分になるなぁ〜って人と会いたい。また、根本的に考え方が違う人でも自分では思いもよらないアイデアをいただけたりするものです。

だから人と接する時には、たとえ相手が子どもだとしても、自分以外のすべての人を尊敬し感謝して向き合うようにしています。

私だって最初からできたわけじゃないの

人生を変えたい。

変わりたい。

自由に生きたい。

と決めたはいいけれど、そんなに直ぐに変われるものではありません。

新しいことにチャレンジしようと思っても、臆病風を吹かせたり、目の前の出来事に振り回されて、未来の自分を信じられなくなったり……そして、そんな自分に嫌気がさしてまた落ち込む……そんなことの繰り返しばかりでした。

でも、その度に「『変わろう』って決めたんだ」という決心を思い出して、どんなことがあっても諦めませんでした。母が死んだ日の自分との約束を忘れなかったのです。

いろいろな本を読んだり、話を聞きに行ったり、セミナーに参加したり……自分が変わるための努力はどんなことでもしましたし、どこへでも出かけて行きました。

銀行員として働きながらだったので、はたから見たら大変そうに見えたのかもしれません。

「そこまでしなくてもいいんじゃない？」と言われたこともありました。

でも、大変だと思うことはありませんでした。むしろ、少しずつ変わっていく実感と手ごたえが嬉しかったし、楽しかったのです。

どんな努力も、苦になりませんでした。

子どもがご飯を食べるのを忘れるほどゲームに没頭しちゃうように、

私にとって変わるための努力は、ゲームと同じ感覚だったと思うのです。

だから、もし、あなたに今やりたいことがあって、でもそれを実現するために「やらなくちゃ～」という義務に近い感覚になっているなら、それは本当にやりたいことなのか？　もう一度自分に聞いたほうがいいかも。

やりたくてやりたくて仕方ないことは、時間を忘れて没頭できます。無我夢中、一心不乱ってこんな感じなのかもしれないって、体感しました。

それから、学んだことは忘れないうちに即実行してみました。

実行して上手くいかなかったら、何が違ったのか振り返り、反省して改善し、同じ間違いをしないように心がけました。

そんなこんなで、トライ＆エラーを繰り返しながら今の自分にたどり着いたのです。

初めてお会いした人に、自分は引っ込み思案なんですって言っても、十中八九、信じてもらえません。

ビビリながらドキドキしながら、新しいことにチャレンジしたり、新しい人脈づくりをしたりする中で、失敗から学んで成長して、またチャレンジしてみる……の繰り返し。

そんな中で痛感したのは、人もお金も運も、すべては自分の勇気でどうにかなるってことです。

どんなテクニックやメソッドを学んでも、チャレンジする勇気がなかったらそれは意味をなしません。

勇気を出して素敵な人脈作りしちゃいましょう。

今日からマネできる！　長屋コミュニケーション術

私が育った昔の長屋は、入り口がガラガラと開く引き戸で、鍵なんかあってないようなものでした。鍵をかけなかったのは、たとえ泥棒が入ったとしても盗るモノがないのもありますが、振り返ってみれば、長屋コミュニティは信頼関係で成り立っていたから、鍵をかける習慣が根付かなかったというのが大きな理由だと思うのです。

小さい頃、その長屋の路地を裸足で駆けずり回るおてんば娘でした。ある時、私より体の大きな男の子が友達に意地悪をしていました。助けに入りましたがそのまま戦っても勝ち目はないと分かっていたので、私は思いっきりその男の子に噛みついたのです。

するど男の子は、大声で泣きだしてしまいました。その泣き声を聞いた男の子のお母さんが長屋から出てきて「誰がやったのー!」って怒っています。私は「あっ、叱られる」と怖くなりましたが、覚悟を決めて「はーい!　いっこちゃんがやった!」と正直に申告しました。

すごく怒られると覚悟をしていたのに、男の子のお母さんは「いっこちゃんか。いっこちゃんがやったなら、あんた先に何かやったんじゃないの?」と自分の子どもに聞いたのです。

本当にびっくりしました。おばさんは、私がいつも小さな子達を助けるところを見ていてくれて、私が何の理由もなく人を攻撃したりしないと分かってくれていました。

その私が自分の息子を噛んだってことは、息子が何かをやらかしたのだろうと察してくれたのです。一方で私にも、人を噛むのはいけないことだと諭してくれました。

おばさんは、私のことを信じてくれているんだ……と子ども心にジーンときたのを覚えています。

と同時に、「おばさんを絶対に裏切れない」とも思いました。嘘はつけない、不義理はできない。私を信じてくれている人が一人でもいたら、絶対に悲しい思いはさせないと決心したのです。

それから時は過ぎ、小学校、中学校と学年が上がるにつれて人間関係も複雑になっていきました。

慣れ親しんだ長屋コミュニティから、少しずつ世界が広がっていき、そんな中で自分より多くの物を持っていて、何でもできる人達が周りに増えると、どんどん引っ込み思案になっていきました。

それでも「人を裏切らない」という信念だけは持ち続けていました。

そして、大人になって起業してからはたくさんの学びがありました。学んできたことを突き詰めると、どれも人から信頼していただくために必要なことでした。

経営者として数々の経験を積んだ結果、やはり重要なのは「信頼してもらえる自分である」ということ。幼い頃、長屋コミュニティで学んだ「信頼関係」の大切さが、改めて腹落ちしたのでした。

個人情報? プライバシー? 大切なのはわかるんだが

ビンボー長屋で育ったことは、今となっては私の人生の宝物です。長屋コミュニティは、私の人生の師匠なのです。

そんな長屋コミュニティには、今の時代声高に叫ばれている「個人情報」や「プライバシー」といった概念は、そもそも存在していなかったように思います。

どこの家も玄関は開けっ放しで、みんな声が大きいから、話し声も全部聞こえちゃう。もし知らない人が聞いたら、ケンカしているんじゃないかって勘違いするかもしれない。それが長屋の日常。

お母さんたちは、自分の子じゃなくたって悪いことをしていたら怒っていたし、お腹すいた子がいたら食べさせてくれた。

狭いし、ビンボーだったけれど、みんな信頼し合っていて、助け合いながら生きていました……。
長屋コミュニティで過ごした経験は、私の人生の人間関係構築にとって、ものすごい学びになりました。

人を信じるということ。
信頼するということ。
約束は守るということ。
不義理はしないということ。
嘘はつかないということ。
見ている人は見てくれているということ。

長屋コミュニティには当たり前にあった人との関係性。
令和の時代の現代から見たら、昭和時代は化石の様な感じになるのか？

昭和の時代も現代も、人と人の繋がりや絆や人間関係は、変わらないんじゃないかなぁ〜。

昭和の長屋コミュニティでは当たり前にあった、隣の子どもを叱るとか、そんなことしたら訴えられちゃう感じになるのかなぁ〜？

個人情報もプライバシー保護も、テクノロジーが発達した今では、自分たちを守るためには大切だってことは理解できるけれど……。

どんなにＩＴが進化しても、結局最後は「あなたと私」の人間関係が重要になるんじゃないかなぁ〜……そうあってほしいなぁ〜。

第三章

結局最後はこれ！愛嬌力

運と愛嬌、これが道をひらくかぎ

天下の松下幸之助さんの、新しく社員を雇う時の面接の質問が、

「あなたは運がいいですか？　それとも悪いですか？」

だったという、有名なお話を知っていますか？

その質問に、「運がいいです！」って言った人を採用していたんだってぇ〜。

自分は運がいい！　って思っている人が社員なら、会社の運も良くなるからなんだそう。

うんうん！　って頷いちゃう。

思うに、運ってある日突然良くなるわけじゃなくて、やっぱり人との

関わりで良くなっていくもののような気がする。

運がいい人と付き合っていたら、自分の運も上がっていくみたいな……。

だからやっぱり、どんな人と出会えるか？　どんな人と関われるか？って大事だよね。

学歴なし、お金なし、容姿端麗でもなければ引っ込み思案で自信もなし。そんなナイナイ尽くしの人生でも、私はいつも、運に味方をされてきたと思う。

それは、長屋コミュニティで知らず知らずのうちに身に着けていた「愛嬌力」があったからこそだったと、今では確信してる。

この愛嬌力こそが、人間関係の極意なのです。

人に可愛がられて好かれると、多くの味方ができるので、あらゆる分野の関係者を紹介してもらえたり、それこそ運のいい人たちと縁を結ばせてもらえたり。

可愛がられる、好かれる、信頼される。

そんな人間でいると、周りが引き上げてくれます。何かあった時にも、すぐに助けてくれます。


愛嬌という言葉は、仏教用語で「愛敬相《あいぎょうそう》」に由来があると言われています。

「愛敬相」とは、慈愛に満ちた穏やかな仏様の表情を指しています。

可愛らしさだけでなく、仏様のような穏やかなニコニコした親しみやすい雰囲気があるのも「愛嬌」だと言えますね。

人の感情には、「返報性の原理」というものがあるそうで、これは、人から何らかの施しを受けた場合、自分もそれを返さなくてはと思う心理状態のことです。

愛嬌のある人から明るい言動や心からの笑顔を向けられた相手は、そこに「返報性の原理」が作用し、その笑顔に対応しようと自分自身も笑顔が増えて、楽しかったという気持ちになれるのです。

ですから、誰もが楽しい時間を過ごせる人に惹かれていくのは当然で、それは男女問わず同じ心理なんだそう。

「愛嬌」と混同しやすいのが、「愛想」で、「愛想」は人に対する対応を指し、「愛嬌」はその人に備わっているものを指します。

愛想笑いしている人を見て、「あの人は目が笑ってないから信用ならない」なんて言っているのを聞きますが、これは一理あるかもしれません。

楽しいことや面白いことがあった時は、全力でくしゃくしゃとした笑顔で笑うっていうのも愛嬌家の一歩ですね。

私なんて、のどちんこが見えるんじゃないかってほど、大口開けて笑っています。

また、愛嬌力にはユーモアとか、ひょうきんとか、茶目っ気とかそんな要素もあると思う。

この人といると面白くてなんだか自然に笑顔になっちゃう！　みたいな……。

愛嬌力は、サバイブ力

マザーテレサの言葉に、次の言葉があります。

思考に気をつけなさい
　それはいつか言葉になるから
言葉に気をつけなさい
　それはいつか行動になるから
行動に気をつけなさい
　それはいつか習慣になるから
習慣に気をつけなさい
　それはいつか性格になるから

性格に気をつけなさい
それはいつか運命になるから

この言葉を初めて目にした時、そうか！　だから思考って大事なんだなっ！　結局、自分の思考が自分の運命を作っているんだって思った。

引っ込み思案で心配性で、人からどう思われるかばかり気にしていた頃の自分の思考が、いかにネガティブだったか。そうだったから、起きてほしくないマイナスな出来事が繰り返し起こっていたんだな。
強運になりたければ、自分の運命を変えたければ、まず思考のクセを変えないとだめだと思ったけど、急にネガティブ思考がポジティブ思考に変わるのには当然無理があって……嫌なことが起こっても、笑ってられるわけもなく……。

だから、最初は何か問題や苦難が来た時に、大丈夫！ 大丈夫！ って何回も口ずさむようにした。

車を運転している時なんかは、志村けんさんのギャグみたいに、「♬だいじょぶだぁ〜。だいじょぶだぁ〜♬」って大きな声で歌ったりして、そんなふうにしていると心配だった心が少し軽くなって、何だか大丈夫な気がしてくるから不思議。

それを繰り返し繰り返しやっているうちに、苦難が来ても試練が来ても、それは次への大きなステップへの前触れだって思えるようになってきた。

大丈夫！ 大丈夫！ の魔法。今でも、今までにない大きな困難が来た時には使っています。

そんなふうに、ことが起こってしまったら、気持ちを切り替える勇気を持つことが重要だって体感している。志村けんさんのバカ殿のように、ひょうきんな愛嬌力を使って面白おかしく笑いに変える。

人間、生きていれば必ず何らかの出来事に遭遇する。それが、自分が引き起こしたことでも、まったくのとばっちりだったとしてもだ。

いい出来事なら、当然わーいわーいって喜んでごきげんさんでいられるけど、悪い出来事に遭遇した場合は、ココロの持ちようが大切。

悪い出来事に遭遇した時、それでもごきげんさんでいられるのは、ひょうきんな愛嬌力で笑いに変えているから。

例えば、朝から寝坊して支度もままならないまま家を出たら階段でこけて膝をすりむいてしまった、という出来事が起こった時に、

「ホントに私ってついてない」と思うか？

「膝をすりむいただけで済んで良かったたぁ〜」って笑えるか？

起きてしまった出来事は同じなのに、自分のその出来事に対する意

味付けが変わるだけで、まったく別物になってしまう。

人生には、毎日、何らかの出来事が起きている。

あなたがもし、新しいことを始めていたり、チャレンジしているならなおさらだ。

だから、その出来事を楽しむ勇気が出せたら、人生における「怖いもの」は、激減するって思う。

何が起きても、大丈夫！ 大丈夫！ ってね。

勇気と愛嬌力でサバイブしていける。

夫婦仲は妻の愛嬌力が大事

朝起きて窓を開けたら、スッコーンと抜けた青空に燦燦と輝く太陽。

そんな天気のいい日には、なんだかウキウキいい気分になりませんか？


毎日のルーティン、洗濯物を干す作業も、知らず知らず鼻歌まじりでやっちゃったりして……。

そんなママを見て「ママ、なんだか楽しそうだね！」ってパパが言う。

別に、洗濯物を干すのが楽しいってわけじゃないけど、パパには楽しそうに見えたんだよね。

楽しそうに洗濯物を干すママを見て、パパもなんだか笑顔になってイイ感じ。

ちょっと想像しただけでも、朝からイライラして何だかピリピリした空気が漂っている家庭より、良いことが起こりそう！ って気になるよね。

パパはゴルフが趣味で、毎週末ゴルフ場に行っている。私は「よその奥さんだったら、文句の一つも言われてるよー」って笑いながら言う。でも、好きなことを続けてるパパを心から尊敬してるんだよね。だって、プロゴルファーにでもなるんかいってくらいストイックにゴルフに取り組んでるもんね。

私も還暦になって大先輩の女性社長に勧められて、ゴルフデビューしました。

よく、夫婦でゴルフに行くとケンカになるよって聞くけど、うちはならないんだよねぇ〜。

まぁ〜、私が下手過ぎて話にならないってのもあるけど、せっかく二人で緑豊かなゴルフ場に行ってやりたいゴルフをやるんだから、ピリピリ、イライラするより楽しくごきげんに回りたいからね。

結局人生って、自分の思った通りになっているんじゃないかな。

私は、引っ込み思案で自分に自信がなくて……常にそう考えていたから、人生もその通りになっていたんだよな。希望するしないにかかわらず、自分の思っている通りになっているよね。

何か願いがあったとして、でも私には無理ですって思っている人の願いは叶わない。それで「やっぱり、私には無理だったじゃないですか？」って言うけど、いや、思った通りになっているよね。

だから、そうなりたくない自分や、そんな体験はしたくないことは思っちゃいけないし、口に出して言っちゃダメだよ。

お金がない、お金がないって言っているとお金がどうしても必要な場面に出くわす。

大変だ、大変だって言っていると、もっと大変な出来事が起きる。


昔、こんなことがあった。

小学生の時、日曜日に赤い橋の向こうの山崎パン屋さんに食パンを買いに行くのは私の仕事だった。

当時、食パンを一斤買うと、袋にいっぱい入っているパンの耳をもらえた。お母さんは、パンの耳をくださいって言うのが恥ずかしかったから、パンを買いに行くのも、パンの耳をもらうのも私の役目だった。

日曜日の朝、いつものようにパンを買いに行こうと思ったら小銭がなくて、五千円札を持って行くことになった。お母さんが「お財布ごと落としたら大変だから、何か袋に入れてあげる」って言ったのに、私は

「大丈夫！」って、なぜだか意地を張ってしまって、お母さんのお財布だけを持って外に出た。

今思えば、そのお財布の中に入っていたお金は、一週間分の食費だったんだと思う。


その時住んでいた長屋の横に小さな用水路があって、お父さんが用水路とうちの間にある隙間に、トタン屋根の自転車置き場を作ってくれてそこに自転車を置いていた。

大人用の自転車だったから、子どもの私が自転車を取り出すには、両手で力を入れなくちゃならなかった。

だから、少しだけトタン屋根の上にお財布を置いて、自転車を取り出していたら……そのトタン屋根は少し斜めになっていて、私の目の前をお財布がスーッと滑って用水路に落ちてしまった。

えっ！

心臓が口から出るかと思うくらいびっくりして、自転車はそっちのけでお母さんに言いに行った。

お母さんは血相を変えて、一目散に用水路に飛び込んだ。

びっくりしたのと、お母さんが迷わず飛び込んだのを見て、本当に大変なことをしてしまったと思って涙が止まらなくなった。

少ししてお母さんが用水路からお財布を拾って上がってきた。がま口の口が開いていたけど、でも五千円札は無事だった。

「だから言ったでしょ。いっこちゃん。お財布だけ持って行って落としたらどうするのって！」ってお母さんは言った。

お母さんの言った通りになったって思った。

大人になって学びを始めてから、この経験を思い出すことがある。

大変なことやピンチが起きたら、お母さんが用水路に飛び込んだ時のことを思い出す。

そして、思ったことを体験しちゃうから、今より悪くならないから大丈夫！って思うようにしている。

毎朝、子どもが学校に行く時や夫が会社に行く時は、何をしてても手を止めて、玄関先まで必ず見送りに行って、明るい声で「いってらっしゃい！」って声をかける。

気を付けてねって言わない。気を付けなきゃならないことが起こらないように……。

そんな些細なことだけど、そんなことが夫婦仲をより良くしている気がするんだよね。

愛嬌力をアップする秘訣とは……

仕事は完璧なのに、思い通りの出世ができない。
スキルは高いのに、チームがまとまらない。
役職はあるけど、部下に慕われない。
資格を取り続けているのに、形にならない。
結婚したいけど、お付き合いが長続きしない。
家庭円満になりたいのに、ギスギスしちゃう。

法人起業して24年。そんな、頑張っているのに報われない女性たちの相談を幾度となく受けるようになった。
相談を受けているうちに、どの人にも「そんなに頑張っているのに、もったいない」「あとちょっとなのに、もったいない」という共通点があることがわかった。

どんなにスキルが高くて、容姿端麗で、何でもできる人でも、家庭でも社会でもこの世界は一人で生きているんじゃなくて、必ず自分以外の人間と関わって生きている。

だから、人間関係が良好になるに越したことはないし、前にも書いた通り、良好な人間関係を築けると、自分の想像を超えたことまで叶うようになったりする。

良好な人間関係を築くためには、人に可愛がられて好かれる自分になること。すると、たくさんの味方や協力者が得られて、より遠くまで行けるようになる。

アフリカに、

「早く行きたければ、ひとりで行け。遠くまで行きたければ、みんなで行け」

ってことわざがあるけど、まだ見ぬ世界を見たければ、より良い人間関係は必要不可欠。

可愛がられる人の代名詞みたいなのが、愛嬌のある人ってイメージなんだけど、愛嬌ってただ単に、可愛げがあるとかいつも笑っているとかってことじゃないと思うんだよね。

私が思う愛嬌力アップのために大切な三つのこと

① 素直

自分が悪いと思ったら素直に謝る。嬉しい時は素直に喜ぶ。アドバイスは素直に受け取る……など、素直なココロ持ちを意識して生きていると、たくさんの人に可愛がられる。

② 謙虚

年齢や肩書に関係なく、まずは相手に感謝と尊敬の念を表す。そして、常にお陰様ですの態度でいること。そうするとたくさんの人に助けてもらえる。

③　貢献

いつも、何かお役に立てることはないかな？　って視点で相手と接する。お役に立てる自分でいる。すると、不思議と自分の行きたい方向にスムーズに行ける。

そして、究極に大事なことは、自分を愛すること。

自分を大事に愛している人は、他人も大事に愛することができる。

生まれてから死ぬまで、一番長く一緒にいるのは自分だ。

だから、自分に嫌われるようなことをしちゃダメなんだよ。自分に誠実でいないとね。

やる時間なんてないのに、自分さえ我慢すればって役員を引き受けたり、行きたくない食事会に断り切れずに参加したり。

本当は、そうしたくないって自分が思っているのに、体裁やシガラミが気になって、断る勇気もない。

それって、結局自分を大事にしてないし、自分に誠実じゃないよね。

それをずーっと繰り返しているうちに、一番長く付き合わなくちゃいけない自分に愛想つかされちゃうよ。


そう！　もうごきげんさんでいられなくなっちゃって、愛嬌力なんて発揮できなくなっちゃう。

だから、勇気を出して自分を愛そうって決めた。勇気を出して、自分を大事にしよう。勇気を出して、自分に優しくしよう。

最高に幸せな人生の、基本中の基本は、どんな自分でも愛せること。

我慢と努力は違うんだから……。

そんな自分を大事に愛せる人は、愛嬌力も自ずとアップして、みんなから愛される人になることができるよ!

また会いたいと思ってもらえる人になる

ビビリで弱っちかった頃の私は、学んで成長して変わろうって必死だった。

あの頃のいろんな学びがあったから、今ではどんなことが起きても、もがき苦しんだとしても、ココロ模様を自分から土砂降りにするようなことは少なくなったけど、ビビリが治ったか？　と聞かれたらそんなことはないって断言できる。

今でも十分ビビりだし、引っ込み思案なところもそのままだ。

名刺交換会とか賀詞交歓会とかできれば避けて通りたいし、知らない人ばっかりのパーティも苦手のまま。初対面の人に、実は引っ込み思案なんですって言っても十中八九、信じてもらえないけど……。

そんな自分に最初はダメ出ししてたけど、そこのところはどうしたって変われないって諦めて、そのままの自分で成功しようって腹をくくったら、なぜだかどんどん仕事が上手くいくようになったんだよね。

初対面の人に会う時、自信がなくて引っ込み思案でビビりだから、自然と超～腰が低くてどんな人にも丁寧に、「学ばせてください！」って姿勢でお会いする。

すると、相手の方には印象がイイみたいで、何だか話がはずんじゃってビジネスの話もとんとん拍子に進むんだよね。

一回お会いしたら、ビビリな自分は姿を現さなくなるから二回目からはもう大丈夫。

あっ！　余談ですが、ビジネスの話をとんとん拍子に進めるにはちょっとしたコツがあるって思っていて、そのコツは長屋時代に培われたモノなんだけど。

ビビりながらも、一回目でこの人と仕事がしたいって思ったら、その一回のチャンスをものにできるかどうかが大事。如何にして、相手の懐まで入れるかどうか。

相手の懐まで入れたら、あとは決まったも同然だ。

相手の懐に入るコツは、その人に「また会いたい。また話がしたい」と思ってもらえることだ。

相手が、この人といると気持ちがいいって思ってもらえるようにすること。ただ、楽しいだけじゃダメなんだよね。

以前、芸能人のコロッケさんがお母さんから教えてもらった「あおいくま」の話をテレビ番組で語っていて、その話に感動した。

あせるな
おこるな
いばるな
くさるな

まけるな

この五つの言葉の頭文字をとって「あおいくま」。

コロッケさんのお母さんは、「人生は、この五つの言葉たい」と言ったそうです。

本当にそうだなぁ〜！　って思う。

この「あおいくま」を知った時、何か有事の時にこうならないようにしようって自分に言い聞かせた。

「今は、焦っちゃダメ！」「くさってもいいことないぞ！」ってな感じで。

それに「あおいくま」の人には、近寄りたくないよなぁ〜って思っている。

焦っている人と一緒に事業をしようって思えないし、怒っている人には近寄りたくないし、くさっている人には気を遣っちゃうし、自分に負けている人って運は悪そうだし。

何かを始めたい。新しいことにチャレンジしたい。思い描いた未来を創造したいって時に、この人に近寄りたくないって思われたらチカラを貸してもらえないし、応援もしてもらえない。

だから一回会ったら、また会いたいなって思ってもらえるには「あおいくま」の自分で会わないことだ。

「あおいくま」の自分で会って、もう二度と会いたくないって思われたら、当然チャンスも生まれない。

どうしても自分が「あおいくま」になっちゃってる時は、人に会わないほうがまだましだっ！　って思っていて、変更できるスケジュールならなるべく変更してもらうようにしてる。

また会いたいって思ってもらえる人で、会えるように……。

ありがとうは魔法の言葉

銀行員時代に、大先輩に言われたひと言で、いくら自分と向き合っても分からない自分のことってあるんだなぁ～って出来事がありました。

その頃、自分の仕事のポリシーとして「自分のことは自分で責任を取る。そのために頭を使う」って決めていた。

だから、どんな部署で働いたとしても、その働き方はサラリーマンというよりは自営業のような感覚になっていて、さらに元々の気質として安易に人に甘えることや、迷惑をかけることが嫌なので、たとえオーバーワークになったとしても、自分の決めたことはきちんと遂行しますみたいな、なんだか生意気でつっぱっている感じの私だった。

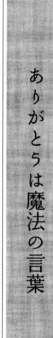

でも、仕事っぷりは評価されて、新しい部署や新しい仕事を任されるようになっていった。

新しい仕事は、自分でスケジュール調整や仕事の仕方を考えてやれば休みの取り方も、就業時間もある一定の範囲内だったら自由にできた。

その当時では画期的だったから、ますます自営業的な感覚の働き方になっていった。

そんな働き方が好きだったし楽しかった。

だけど、仕事量がどんどん増えていって、自分の決めたことはきちんと遂行するってポリシーの私は、ものすごいオーバーワークになっていることに気づいてなかったんだと思う。

自分では上手くやっている、大丈夫って思っていたんだけど、はたから見たら愛嬌とはかけ離れた形相になってたんじゃないかな。

そんな時に、先輩が言ってくれた言葉。

「ねぇ〜いっこちゃんって、人に頼ることが借りを作るって思っているの？ もし、そう思っているなら借りを作っていいんだよ！ ありがとう。おかげさまで助かりましたって言える機会が増えたら、もっとすごくなれるのに」

うぉ〜！ って感じでしたよぉ〜。涙がちょちょ切れそうになりましたよぉ〜。

人に頼らない。
迷惑をかけない。
自分の決めたことはきちんと遂行する。
自分のことは自分で責任を取る。

それが自分！　って思っていたから、他人に借りを作りたくないって気持ちからそうしてきたなんて思ってもいなかったから、びっくりでした。

なるほどぉ〜！　先輩から見たら、そう見えてたんだなぁ〜。なるほどぉ〜！　自分だけで解決しようとせず、「どうしたらいいと思いますか？」って聞けたら、もっと働き方も時間も人生観もステージアップできるんだなぁ〜。

そんなことに気づかせてもらえた、21歳の春でした。

それからは、自分のことは自分で責任を取るってポリシーは変わってないけど、人生を楽しむことも、働くことも好きだから、働く時は全力で働くし、休む時は全力で休む。

頑張れない時は頑張れない、他人に頼んだほうがいいことは遠慮なく頼む。

そんなことができる人生になりました。

「ありがとう！　おかげさまで助かりました」って、言える機会が増えていったら、20代で独立起業できるようになったのです。

ありがとうって本当に魔法の言葉だって思う。

ありがとうは、仏教の「有難し」という言葉からきていて、法句経という教えの「人間に生まるること難し、やがて死すべきものの、いま生命《いのち》あるは有難し」から取られており、人として生まれたことに感謝して生きようということから、一般的に感謝を表す時に使われるようになったそうなんですが、母のことを思い出すと本当にそう思う。

いつも支払いのことを考えて心臓がキューってなっちゃうと、全身の細胞が縮こまって病気になっちゃう。

メソメソしたり、ギューってなったり、自分のココロ持ちが各細胞に影響して新陳代謝が悪くなって悪玉細胞が優位になっちゃう。

だから、自分の体に頑張ってもらっていることに感謝してお風呂に入ったら湯船の中で体を優しくさすりながら「いつも、ありがとう。頑張ってくれてありがとうね」って百回言うようにした。

小さい頃夢で見た、自分が、自分の着ぐるみの中から外を見ているって映像。

その後、大人になってから読んだ本に、私たちの体は神様から借りている借り物だから大切に扱わなくちゃいけないって、いつか返す時がくるからって書いてあって、「あっ！　あの時の映像はこのことだったんだ！」って妙に腑に落ちた。

そう、生まれた瞬間からとっくに借りを作って生きているんだよ。生きているんじゃなくて生かされているんだよってことに気づけた時に「ありがとう。おかげさまで助かりました」って言える機会がどんどん増えて、大難が小難で済んだり、思ってもいなかったほうに好転していったり、不思議なことがたくさん巻き起こる。

本当に、有難い。
本当に、ありがとうございます。
おかげさまで助かりました。

ありがとうは魔法の言葉。この人生であと何万回言えるかなっ。

嫌われる勇気を間違った方向に使ってない？

《嫌われる原因ランキング》

1. 嘘つき
2. 悪口、陰口ばかり
3. 自分勝手

これらがベスト3なんだって……。

もしあなたが、

「私、嫌われる原因になることはしていないのに、なぜか人から嫌われている気がするっ！」

って思っているなら、あなたが周りの人たちにはできないことをしているってことかもしれないね。周りの人には「嫉妬」に近い感情が生まれているのかもしれない。

自分が正しいと思うことや、自分が本当にやりたいと思うことを、他人の目を気にしたり、他人の顔色をうかがったりして断念するくらいなら、嫌われたとしてもやるべきだし、人の目なんか気にすることはないと思う。

でも、自分の思いを遂げる行為が「自分だけが良ければ何をやってもいい」的な傍若無人なふるまいになってしまうのは、ダメだよね。

何年か前にベストセラーになった『嫌われる勇気』って本があったけど、「嫌われる勇気」って言葉だけを勘違いして使っている人を、あの当時よく見かけたよなぁ〜。

「私、あなたのために言ってあげてます」みたいな、相手の人が傷つくようなことを言ったり。正しいかもしれないけど、今それ言っちゃいけないタイミグだよねーって時に我が物顔で発言したり。

「嫌われる勇気」って、嫌われてもいいから、何でもかんでも自分の思ったことを言っちゃっていいってことじゃないと思うし、自分の思い通りにしようとして、人の話を遮ったり、人を困らせたり、戸惑わせたり、悲しませたりするのも違うと思う。それじゃただの我がままだよね。

「私〝嫌われる勇気〟出してますから！」みたいなことやっていると、そのうち、本当に誰もいなくなっちゃうよ。


人生は選択の連続でできていて、今の状態や今の自分も選択し続けた結果だよね。

今までなら、何かを選択する時、

人の意見に流されてしまう。

自分の気持ちを後回しにして人の気持ちを優先させてしまう。

人の評価を気にしてしまう。

自分の気持ちに蓋をして、その他大勢の意見にしたがってしまう。

損得勘定で動いてしまう。


そんなことが多かった人もいるんじゃないかな？

でもね、何かを選ぶ時、何かを決断する時に、大切にしてほしいのは、自分の本当の気持ち。それを大切にしながら、選択していこう！


その時に出す「勇気」が、本当に価値がある。

たぶん、本当に価値のある勇気を出すのは、相手の反応を考えて、嫌なことでも断れずに選択してきた人にとって、すっごく勇気がいることで、すっごくドキドキすることで……。

私も、変わりたい、変わろうって決断した時から、選択する時に自分の気持ちに正直になるって決めたけど、最初は泣くほど大変なことだった。
すっごく勇気がいるから、結局勇気が出せなくて意にそぐわない選択をしては落ち込んで余計に自信をなくしたりして……。

でもね、自分が思い描いた理想の未来に向かって一歩足を踏み出した時に、周りの人がいろんなことを言ってきたり、陰でいろいろ噂されたり悪口言われたりすることもあるかもしれないけど、たった一回の人生、自分の気持ちに蓋をして生きちゃっていいのかな?

ホントに生きたい人生を生きることによって、もしそんなあなたを嫌う人がいるとしたらそれはその人の問題であり、課題だよね。
人それぞれ、性格や価値観も違うんだから、生き方や幸せのカタチも違っていい。

自分が自分であることを認めることも、また「勇気」。そんな勇気をもって、やりたいことをやってこう。

そうは言っても嫌われたい人なんていないないと思う。だから私は嫌われることを恐れない「勇気」を出そうって決めた。これが本当の「嫌われる勇気」じゃないかな。

その「勇気」に加えて、最強の「愛嬌力」を駆使しながら、提案したり断ったりしていると、案外嫌われたりはしないもんだよ！

リーダーこそ、愛嬌力

リーダーって聞くと、イメージ的に自分の意見をはっきり主張できるとか、人を引っ張る情熱や押しの強さ、細かいことにこだわらない器の大きさ、決断力の速さなどを兼ね備えていて、なんか、強くなくちゃいけないってイメージがあるけど……。

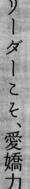

もちろん、それらはリーダーにとって大切な資質の一部だとは思う。でも、リーダーって、それだけじゃないと思ってる。

それらの資質だけのリーダーって、時に自己中心的になりがちで人の意見に耳を貸さなかったりとか、ワンマンな感じになっちゃったりしがち。

あと、能力が高くて、何でも一人でやろうとする人もすごいリーダーなんだろうけど、チーム全体の能力を上げるってなると……どうだろう？

だからもしあなたが、一般的なリーダー像に当てはまらないかもしれないとしても、一概にリーダーに向いてないとは限らないと思う。

ちなみに私が、こんな人のもとでなら働きたいなぁ〜って思うリーダー像は……、

1. 言っていること、やっていること、思っていることが一直線上にある人
2. 人の意見に耳を傾け、気持ちを汲み取れる人
3. チームを信頼して、仕事を任せる勇気のある人

かくいう私自身も、こんな人になりたいって思う。私もまだまだ成長中です。

グイグイ引っ張ってもらいたいって人は、強いリーダー像を望むかもしれないけど、実際の強いリーダーの周りには、ついていくのをよしとする、長いものに巻かれちゃうイエスマンが集まりやすい傾向があると思う。

一方で、一見頼りなさそうに見えちゃうけど、いつもちゃんとチームを見ていて「あなたのチカラが必要です」って、周りに頭を下げられる人。そんなふうに「この人には自分が必要だ」って人から思われるほうが、実は人望も人脈も集まるんじゃないかな。

リーダーは強いリーダーも時にはよし、頭を下げられるリーダーもよし、いずれにせよリーダーは人がついてきてこそリーダーだ。

だからこそ、愛嬌力がすっごい武器になるんだよねぇ〜。


先日、友人が「片付けしていたら小学校の卒業文集が出てきたよ」って長男のページを送ってくれた。

「十年後の自分」って題名で書かれた文章のラストが泣けた。

どんな仕事をするにしても、父のようにマジメに、母のように明るく仕事をしたいです。

って書かれてあったのです。

子どもは親の背中を見て育つって言うけど、そんなふうに見ていてくれてたんだなぁ〜って思うと本当にありがたい。

仕事にかまけて、学校行事とかにも行ってあげられない時もあったし、お留守番することも多かったのに……。

本当に本当にありがたいです。


以前、『ドラゴン桜』ってドラマを見ていたら、

「受験生にとって一番の敵は、どうせ受からないという先入観。固い考え方。そして、それを植え付けるのが親なんです」

「自分のお子さんを信じてあげられますか？」

ってセリフが出てきて、グッときたのをよく覚えていて。

そうだよねぇ〜！　子どもが親の背中を見て育つなら、親はまさに漢字の通り「木の上に立って見守ってあげる」ことだよね。

木の上に立って見守るのには覚悟がいる。信じるって覚悟。

覚悟がないと、どうしても木の上から降りて手を貸したくなっちゃう。

自分は自由が好きなのに、子どもの自由意思を奪いそうになっちゃう。

だから、命に関わることや、法律に反すること以外は木の上に立って見守ろうって覚悟を決めた。

子どもから、アドバイスを求められたり、ＳＯＳを出してきたりしたら、全力で対応する。


これって、仕事にも通用するよね！

リーダーとして、チームを信じて任せられるか？　そのチーム内が、信頼されているという満足感に満たされることで、チームの人達の潜在能力が何倍も引き出せる。

信じて任せてもらったってことで、今までアイデアを出したことがなかった人が画期的なアイデアを出す、なんてことも起きて、そんな隠れた才能があったんだぁ〜って発見があったりもする。

リーダーは、親のように「木の上に立って見守る」。信じて任せてみるってとっても勇気のいることだけど、それは相手のためでもあって自分のためでもあるのです。

信じて、任せて、認めることと、愛嬌力でチームの雰囲気をよくしていったら、最高のチームができるんじゃないかな。

第四章

しんどい時ほど上を向く！
ごきげん力

眉間にシワ、寄っていませんか？

母親ゆずりの極度の心配性な私は、まだ起こってもいないことや、言われてもいないことに思いを巡らせては、勝手にココロ模様を曇らせて眉間にシワを寄せている人でした。

今となっては自分でも、なんて時間を無駄にしてきちゃったんだろうって思うけど、変わる前の私には重要に思えることだったんですよね。

こんなこと言ったら何て思われちゃうかな？　とか、何か気に障ることしちゃったのかな？　とか。

いつも、人からどう思われているか？　を気にしては、勝手に悩んで勝手に悲しい気持ちになっちゃったりして。

私が変われたきっかけになったのが、中学生の時のある日の出来事だった。

毎日、部活の帰りに仲良し五人組で帰ってたんだけど、私が暮らしていた長屋を通り越して、少し歩いた赤い橋の向こうの二階建ての家がいっぱい建っている住宅街に住んでいた、ソフトボール部のキャプテンでエースの子が、その五人組のリーダー的存在だった。

ある日その子が、校門を出た瞬間からスタスタと早歩きで何も言わずにどんどん先に行って帰っちゃって、残された四人はあっけにとられて、声もかけられなかった。

「え？　何？　どうしたの？　何か気に障ること言った？」みたいに、喧々諤々の大騒ぎ。

結局、考えても分からないから、みな一様にココロ模様は曇ったまま家に帰った。

心配性の私は、家に帰ってからも心配が止まらない。考えても分からないことをひたすら考えて、しまいには明日学校に行きたくないな……どんな顔して会ったらいいのかな……？　なんて、まるで自分が悪いことでもしたみたいになってた。

次の日、四人ともいつもより早く教室に来ていて、みんなで「どうする？　普通におはようって言えばいいかな？」なんて話し合っていたら、廊下の向こうから「おはよー！」って大きな声で、明るく元気にその子が登校してきた。

私たちはその声につられて「おはよう！」って言って、そこからはいつもの毎日が始まった。

昨日の下校の時の事件は、なかったかのような一瞬だった。

誰も、昨日のことは聞かなかった。聞けなかった。

昨日のあれは、何だったんだろう？ 昨日の夜、明日学校に行きたくないって思ったのは何だったんだろう？

大人になって変わろうって決めて、それでもまだ人の目や評価を気にしそうになる時は、そのことを思い出す。

そうだよなぁ～。自分で勝手にココロ模様を、嵐にしているだけなんだよなぁ～。

自分が思っているように人が思うか分からないし、逆に「私って自意識過剰なんじゃないの？ 他人はそんなに暇じゃないよ。私のことをいちいち気にしてなんかいられないよな」そんなふうに、繰り返し繰り返し自分に言い聞かせていったら、何だか笑えてきたんだよね。

自分のココロ模様を、晴れにするも曇りにするも、自分次第。

晴れているほうが気持ちがいい。気持ちがいいからごきげんさんでいられるよ。

自分の機嫌は自分でとる！

ナイナイ尽くしの頃の私は、弱っちくって、ココロ模様をモヤモヤさせては、勝手に疲れ果てていた。

疲れ果てていると当然、周りからは機嫌がいいとは見られない。

小さい子どもなら、機嫌が悪いと周りが気を遣って機嫌をとろうとしてくれるけど、大人になって機嫌が悪い人の周りには、なるべく近寄りたくないってなるよね。

だから、そんな自分を変えたい！　変わりたい！　変わろう！　って決めて、いろいろ学んで実行していくうちに、頭の中に引き出しを作れるようになった。

頭の中の引き出しは、
仕事の引き出し
家族の引き出し
友人の引き出し
お金の引き出し
夢の引き出し
……みたいな感じ。

何か問題が起きてパニックになったり、あれもやらなきゃこれもやらなきゃってうろたえたりして、結局ぐちゃぐちゃで何も片付かなくなる時って、頭の中の引き出しが全部開けっ放しで取っ散らかっている時だって気づいたの。

そうすると、とてもごきげんさんではいられないからドヨ〜ンだったり、イライラだったり、アワアワだったりしちゃう。

だから、全部の引き出しを開けっ放しにしないようにした。

最初の頃は、そうは言っても同時進行しているしなぁ〜って開けっ放しにしちゃうこともあったけど、結局取っ散らかってぐちゃぐちゃになって、全部が中途半端で上手くいかなくて、自分の人生そのものまで上手くいってないココロ持ちになって、しまいにはできない自分を責めちゃったりして……。

そうならないために、引き出しは開けたら閉める、そしてまた別の引き出しを開けるってな具合でやったら、いろんなことがスムーズに片付くようになってきた。

仕事が上手くいってないことと、家族の問題は別だし。友人とケンカしたからって、夢が叶わないわけじゃない。

それはそれ、これはこれ。

それぞれの引き出しの中に、良いことも悪いこともあるかもだけど、だからって、一緒くたにして疲れ果てたらダメだ。

それぞれの引き出しを開けたら閉めて、それぞれの課題は課題でクリアしていくと、思いのほかスムーズに進んでいったりするよ。

そして、いつもスッキリしているから疲れ果てたりしないので、たとえ問題があったとしてもごきげんさんでいられる。

いつも、ごきげんさんでいられるから夢の引き出しを開けてワクワクしていると、あらっ、また一個夢が叶っちゃった！　ってなるんだよ。

頭の中に、引き出しを作って整理整頓。

そして、自分の機嫌は自分でとろう！　やってみてね！

幸せは自分の心が決める

私がコロナ禍で得た教訓は「丁寧に生きる」だ。自分の幸せな人生に丁寧に向き合ってみる。

まず、自分が自分の幸せに集中するようになると、

アボカドの種から芽が出たぁ〜！
息子がランチをご馳走してくれたぁ〜！
今日はポカポカ陽気でいい気分だなぁ〜！

って、探さなくてもいろんなところにある「幸せ」に気づく。
生き急いでいると、そんないろんなところにある「幸せ」に気づかな

くて、見つからなくて、探して探して……その結果、疲れ切っている人がたくさんいたよね。

「幸せはいつも自分の心が決める」って、相田みつをさんも言ってる。幸せは探すんじゃなくて、感じるんだ。

すぐそばに幸せはいつもあって、それを感じられる自分でいられるかどうかが肝だ。自分の幸せに敏感になると、嬉しい奇跡や楽しい出来事が増えてきて、人生が大きく動き出す感じがする。

すぐそばにある幸せを感じられる自分って、あんまりモノにこだわり過ぎないことだと思う。そして、人と比べないこと、誰かの期待に応えようと思わないことだと思う。

子どもの頃、長屋に住んでいても、夕方学校から帰ったら、お母さんがうちの前を掃き掃除してて、その後ろに大きな大きな夕陽が見えて、その光景を目にしただけでなぜだか涙が出るほど嬉しくて幸せだった。

お金がなくても、借家でも、その大きな夕陽と掃き掃除しているお母さんの姿が宝物のようで、見ているだけで心がふわぁ〜ってあったかくなって、すごく幸せを感じた。

いつの頃からか、誰かと比べて生きてきちゃったな。
いつの頃からか、誰かよりすごくなりたいって生きてきちゃったな。
いつの頃からか、誰かの期待に応えようと生きてきちゃったな。
いつの頃からか、勝つことだけに囚われて生きてきちゃったな。

私に、幸せってなんなのかを教えてくれた、長屋とお母さんは、もう思い出の中にしか存在しないけれど、でも間違いなく、人生最後の時に、何を食べたい？　って聞かれたら、五つ星のレストランのフルコースじゃなくて「お母さんの作ってくれた、味噌おにぎりとおいなりさん」って答える。

ナイナイ尽くしだったけれど、そこここに幸せを見つけられた。幸せを感じられる自分だった。

幸せを感じられる自分を取り戻そう。

一日24時間、何回幸せを感じられる？　幸せを感じる瞬間が多ければ多いほど、ココロがほっこり気持ちが良くて、良い気持ちでいればいるほど、毎日ごきげんさんで生きていける。

ごきげんさんで生きていると、不思議といい出来事がやってきたり、嬉しい出来事が起きたりするよ。

幸せを感じられる自分を取り戻そう。

幸せを感じられる自分だと、自然と感謝の気持ちが湧いて、感謝しなきゃじゃなくて、今に、誰かに、何かに、感謝したくてしたくてたまらなくなる。

幸せを感じられる自分を取り戻そう。

幸せを感じられる自分だと、当たり前が当たり前じゃないことが分かるようになって、生きているんじゃなくて生かされているなぁ〜って気持ちになる。

そして、たくさんのありがとうが言いたくなる。

どんな人にも、どんなモノにもありがとうが言いたくなる。

ありがとう。

ありがとう。

ありがとう。

ありがとう。

何回言っても足りないくらいたくさんのありがとう。

あぁ〜。お母さんの味噌おにぎりとおいなりさん食べたいなぁ〜。

自分のものさし、ありますか？

昔の私には、見えない敵がいた。

そんなこと言うと、怖い話みたいだけど……。そうじゃなくて、勝手に自分で他人がこう思っているんじゃないか？　って妄想して落ち込んだりしてた。

学校でも、会社でも、できる人は本当にすごくて、自分ができないことを勝手に比べては自分で自分のココロ模様を荒らしてた。

誰も競争しているわけじゃないのに、勝手に比べて勝手に落ち込んで……。今思えば、バカみたいだよね。

なんでそんなことしてたんだろぉ～。もし勝ったら自信がつくとでも思ってたのかな？

今の、ごきげんさんの自分なら考えられないけど、当時は必死だった。見えない誰かと比べたって幸せは感じられないのにね。

人はそれぞれ、いいところもダメなところもあるし、見えていることがすべてではないことも多い。例えばすごいと思う人でも、陰では大変な苦労をしているかもしれないし、不安をかかえているかもしれない。

見えていることのすべてがその人じゃないって思えるようになってから、見えない誰かと比べるより、見えない誰かのお陰で私は今日も頑張れるって思えるようになった。

起業したり、目標に向かって向上心をもって仕事していたりする人の中に、負けず嫌いな人って結構見かける。

もれなく、以前の私もそうでした。

負けず嫌いって、いい面もあるけど悪い面もあるよなぁ～。

負けず嫌いで、突っ走っていた頃の自分を思い出すと「いったい、何と戦っていたんだろぉ～？」って思う。

そもそも、負けず嫌いって何？

辞書によれば、負けず嫌いとは「他人に負けることを嫌う勝気な性質」という意味だそう。

どんな時も人に勝っていたいので、自分が負けることが許せない。

仕事でもプライベートでも関係なく、人より優れていたいと思うのが負けず嫌い。

負けず嫌いって、いい面を見れば目標や勝利のためなら努力を惜しまないとか、どんな辛い状況でも最後まで諦めずに努力できるとか、リーダーシップを発揮できるとか、いろいろあると思うんだけど……。

些細なことにムキになったり、なんでも勝負ごとみたいに人に挑んでみたり、自分が悪くても負けを認めたくないから謝らなかったり。

そんな面が出ちゃうと、周りにいる人達にウンザリされちゃうよね。

仕事やスポーツや勉強なんかで、負けず嫌いって大切な時もあるから決して負けず嫌いがダメってことじゃなく、負けず嫌いで何と戦っているのか? が大切だよね。


以前の私は負けず嫌いで、他人の誰かと戦っている時は、本当の自分より自分を大きく見せたかったり、見栄を張ってすごい自分を演出したり。でも、本当はそんな自分じゃないことを自分が一番知っているから、一人になったら、ココロ模様がモヤモヤってしちゃったりしてた。

それでその負けず嫌いの戦いの相手を、昨日の自分とすることにしたのです。


昨日の自分より、一回多く腹筋ができたとか。

昨日の自分より、一件多くアポイントが取れたとか。

誰かに対して負けず嫌いになるんじゃなくて、昨日の自分に対して負けず嫌いになる。

そしたら、見栄を張ることも自分を大きく見せることもしなくていいし、昨日の自分よりちょっとずつでもできることが多くなった。
もしあなたが、負けず嫌いなのだとしたら、ぜひ昨日の自分に対して負けず嫌いになってみて。そうすればきっと、一年後、三年後、五年後の自分が、本当にすっごくなっているよ。

結局、他人に対して負けず嫌いって他人のモノサシで自分を測っているってことかもね。

自分の人生は、自分のモノサシで測ろう!

まず、他人や他人のやり方などは関係なく、自分の基準で自分の過去と未来にどれくらいの距離があるか測ってみよう。その上で過去の自分と勝負してみる。

負けず嫌いは他人に対して発揮するのではなくて、過去の自分に対して発揮しよう。

そして、いま自分のしたいことに集中して、未来の自分との距離を詰めていこう。

人生、楽しんでる？　大事にするべきことって？

突然ですが、オードリー・ヘップバーンが好きです。顔だちもスタイルも、ファッションセンスもだ〜い好きです。でも、もっと好きなのは彼女の人生観。

女優として、母として、ユニセフ親善大使として、その人生に溢れんばかりの愛を注いで生きたオードリー・ヘップバーンの名言で、大好きなものがあります。

「人生について深刻に考えたりはしないけど……私の人生で何をするかは真剣に考えているわ」

「何より大事なのは、人生を楽しむこと、幸せを感じること。それだけです」

そうだよね！

人生で何をするかを真剣に考える時に、何より大事なのは自分が楽しめているか？ってこと。

そして、何をするかが決まって未来に向かっている時に幸せを感じられているか？ってこと。

自分が楽しめて幸せを感じられていたら、予期せぬトラブルにもしっかり向き合って生きていける。

これを成し遂げれば、幸せになれる。

これを手に入れれば、幸せになれる。

こんな状況になれば、幸せになれる。

ずーっと、そんなふうに幸せに対して条件をつけて生きてきた気がする。

条件付きの幸せは、それが手に入るまで不幸せだってことになるんだなぁ〜ってことにこの歳になってようやく気づいた。

英国のことわざに、

一日だけ幸せでいたいなら床屋に行け
一週間幸せでいたいなら結婚しろ
一カ月幸せでいたいなら馬を買え
一年幸せでいたいなら家を建てよ
一生幸せでいたいなら正直でいることだ

というのがあって、まさにその通りだと思う。

手に入れたモノやコトは、ずーっとそのままの状態である保証はないし、手に入れたら手に入れたで、失うことへの心配まで手にしちゃったりして……。

だから、未来に手に入れたいモノにフォーカスするんじゃなくて、今の自分が自分のココロ持ちに正直に生きているか？　にフォーカスしたい。

未来に希望を持って、それに向かって目標設定して、計画して努力するのは素晴らしいことだけど、その目的地にたどり着くために、今の自分のココロ持ちを置き去りにしていないか？

今の自分のココロ持ちに、しっかり気づいてあげているか？

そこに、正直になったほうがいい。

見てみないふりをしないほうがいい。

どんなに困難な状況でも、どんなに苦労があっても、決めた目的地にたどり着く過程の、今の自分のココロ持ちがごきげんさんなら、それはもう幸せってことなんだよね。

還暦になって思うことは、何かにチャレンジできるってそのことがすでに幸せで、その過程がごきげんで楽しめることを大事にできたら、結果がどうあれ人生〝◎〟あげたいなってこと。

ごきげん力はホルモンにも影響する

朝起きてカーテンを開けるとスコーンと青空が広がって、なんだか得も言われぬ穏やかで幸せな気分になる。

そんな瞬間に出るのが、幸せホルモンと呼ばれる「セロトニン」だそう。

正確にはセロトニンはホルモンではなく神経伝達物質ですが、一般的な愛称として「幸せホルモン」と呼ばれているそうです。

脳内にはたくさんの情報を運ぶ、神経伝達物質が存在していて、その代表格のひとつが「セロトニン」。

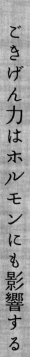

「セロトニン」は、リラックス、安心感、幸福感などをもたらす優れもの。

それなら、幸せホルモン「セロトニン」の分泌を高めたいって思うよねぇ〜。

幸せホルモン「セロトニン」の分泌を高めるには？

①日光を浴びる（朝の太陽の光を十分に浴びる）。

②リズム運動（咀しゃく、呼吸、歩行）＝歩調に合わせて呼吸をし、速足で30分以上歩く。

③トリプトファン（アミノ酸の一種）の豊富な食材や、歯ごたえのある硬さの食材を選び、しっかり噛んでいることを意識しながら食べる（キノコ、バナナ、乳製品、大豆製品、根菜類、卵、肉、魚）。

結局、幸せホルモン「セロトニン」の分泌を増やすって、健康的な生活を心がけるってことみたい。

体が元気じゃないと、ココロも調子出ないからセルフケア不足は自分の幸せ到達を遅らせちゃうね。

さらに、「セロトニン」の分泌を減少させる可能性があるのが「ストレス」なんだって。

ストレスを受けると、副腎からコルチゾールというストレスホルモンが分泌されて、コルチゾールが過剰に分泌されると、自律神経のバランスが乱れ、セロトニンの分泌を抑制してしまう可能性が……。

ストレスフリーな生活を送るためにも、ごきげん力を強化して幸せホルモン「セロトニン」の分泌を増大していきましょうね。

失敗したってへっちゃら！

赤ちゃんがハイハイからつかまり立ちして初めの一歩を踏み出す時、転んでも転んでも笑いながらまた立ち上がる。

失敗したらどうしようとか。

失敗したら恥ずかしいとか。

そんな気持ちは微塵もないから……。


大人になったって、初めてやることは最初から上手くできなくて当たり前だし、得意じゃないことで失敗するのは当然なのに、羞恥心や自尊心が邪魔をして、新しいことにチャレンジする回数がどんどん減っていく。

母が若くして死んで、

「人は必ずいつか死ぬんだ、それがいつって自分では分からないからやりたいことやらないと後悔するかも」って思った。

人生は、生まれてから死ぬまで自分の思い付きを証明するためにある実験場だ。

と、楽しんだもん勝ちだって思えるようになって、新しいことにチャレンジすることの怖さが軽減した。

人生は、長いようで短い。思い立ったが吉日だ。楽しんで思いつめず楽にやってみちゃおうよ。

豊かになりたい、成功したい、幸せな人生を送りたい、と決めた時から、とにかく努力して自分を変えて、今までの世界じゃない世界を見たり、すでに豊かで成功している方々にもたくさんお会いして学ばせていただいてきた。

でも、一見社会ではものすごい成功を収めて見える人や、豊かで幸せそうに見える人でも、近くで見るといろんな苦しみや悲しみに満ちているんだなぁ～って思う瞬間がある。

大きなことを成し遂げたり、大きな成功を収めれば収めるほどそれらも大きくなっていくように見える。

恐れや怒り、裏切りや比較、悲しみや憎しみ。いろんな感情に押しつぶされそうな自分をごまかして、抑え込んで、気が付かないふりをしている。

頑張って命がけで作り上げてきた人ほど、そんな傾向がある気がする。

もしあなたにも、そんなふうにいろいろな感情があるのなら、もう、そんな苦しみを持ち続けるのはやめよう。

気づかないふりをして、我慢して、それで成功を勝ち取って幸せって言えるかな？

コインに裏と表があるように、ひとつの出来事にも裏と表があると思う。


光と闇。

善と悪。

多数と少数。

目に見えるものと見えないもの。

光と闇は表裏一体で、闇があるから光が分かる。

どちらがいいとか悪いとかいうんじゃないってことに、ようやく気づいた時にお気楽に生きるのは悪くないと思えた。

人間にも裏も表もあれば、短所も長所もあって、自分の短所に気づければ、他人の弱みも理解できるようになる。

変わりたいをがむしゃらにやっている時、学んで試して改善して成長して、また学んでを繰り返しているうちに、傲慢になっていく自分に気づいた。


できない人を見ると、何でこんなこともできないの？って思ったりイライラしたり。

できるようになるまで根気よく教えたりしてもできないと、自分の教え方が下手なのか？って落ち込んだり。


でも、できないもんはできないんだなぁ～。

不得意なことは不得意で、お互いが傷つけあっちゃう。
自分だってできないことたくさんあるし、40年前の自分が見たら、なに上から目線で言ってんだ！って思うよなっ。

だから、そうなりそうな場面や人に出くわしたら、

まぁ〜いっか！って言ってみる。

そうすると、

そうだ。そうだ。できる人に頼もう！　ってなるし。
そうだ。そうだ。イライラしても自分の体にダメージがくるだけでもったいないって思えるようになる。

まぁ〜いっか！って言ってみて。

それは、決して諦めの言葉じゃなく。お気楽に成功する、お気楽に豊かになる、お気楽に幸せになるための合言葉。

だから、新しいことにチャレンジする時は赤ちゃんと同じ、最初から上手くできなくて当たり前、やったことないんだから失敗したってへっちゃらなんだよ。

第五章

清々しくさよならする卒業力

卒業力とはすなわち、手放す勇気

還暦を迎えて早一年。

還暦って聞くと昔は、すごくおばあさんって気がしてた。還暦になったら引退みたいな、そんなイメージだった。

自分が還暦になる想像ができなかったよね。

でもね、いざ還暦を過ぎても、全然変わらず、中身はまだまだ子どもみたいなんですよぉ～。

お母さんは今の私より、すっごく若くして亡くなったのに、オバさん扱いしてたよなぁ～。

もしかしたら、中身は今の自分みたいに、まだまだ子どもみたいだったかもしれないのに……。お母さんごめんねぇ～。

今までの人生で、自分の意思で生き直したいと思って、細胞がギューってなるくらい勇気を振り絞って、リボーンしたことが二回ある。

今、三回目の生き直し中です。

いつも思う。オリンピックや箱根駅伝や高校野球って、四年に一回とか、在学中の三年間とか四年間とかって限られたチャンスしかないいんだよなぁ〜って。

箱根駅伝で選手の人達が、コロナ禍で開催してくれてチャレンジできることへの感謝を口々に述べていたことに心から感動した。

人生には四回なんて制限はない。

人生のチャレンジに何回なんて制限はないいんだよね。

やってみて、間違えたと思ったら、またやり直せばいい。

こっちのほうに生きてみようと生きてみて、あれ？　なんかしっくりこないと思ったら、また生き直せばいい。

どれが正しいとか
何が得意なのかとか
どんなにそれが好きなのか

って、やってみないと分からないもん。

いくつになっても、今が違うって思ったら生き直したらいいんだよ。

カーネルサンダースも、ケンタッキー・フライド・チキンを創業したのは65歳の時なんだって。

やり直すのも、生き直すのも、すっごく勇気がいることだけど……。

なんか違うな？　今って違うな？　って毎日毎日、違和感のまま生きていたら、あっという間に人生が終わっちゃう。

長屋コミュニティで生きてきたからか、私は、自分と関わる人は、不思議と家族みたいな存在になってしまう。
だから恩を受けた以上、倍返ししなくちゃって気持ちになる。

信じてくれている人は、
絶対に裏切らないとか、
お礼は倍返しとか、
一生懸命やっていると誰かが手を貸してくれるとか、
敵を作らず甘え上手でいるとか、
人懐っこく誰にでも謙虚とか。

幼少期に体に染みついた感覚は、大人になってもなくならないもので、関わった人に得をしてもらいたいってどうしても思ってしまって、自分の気持ちや時間を犠牲にして我慢してでも、所属する組織や恩がある人や応援してくれる人たちに精一杯報いてきた。

でも、最近思うのは、犠牲とか我慢って思っている時点で違うんじゃないかな？　ってこと。

それって、結局私の自己満足でエゴなんだよなぁ〜。自分がそうしようって決めて、自分が勝手にやっているくせに、自分で自分の首をしめて苦しくなってちゃ、世話ないよね。

だから、自分を苦しめてまで高い理想を突き付けて苦悩するのはもうやめた。

苦悩している時って、やらなくていいことをしているっていう宇宙からのサインなんだって。

その生き方じゃ幸せになれませんよって、宇宙が教えてくれているんだって。

自分の価値観や選択が間違ってたって認めるのは、とっても勇気がいることだけど、認めて、本当はどうしたいのか？　をもう一度自分に聞いてみて。

今までの価値観じゃ違うなって思ったら、違う価値観で生きればいい。今までの価値観や生き方が自分を苦しめているなら、それをやめればいい。

そうすれば、もっと楽に幸せに生きられる。

一度しかない自分の人生を生きるのは、自分しかいないんだから……。いつだって、もっと若い時からやっていたらって思っちゃうんだから。

小学校・中学校・高校って卒業してきたように、自分の人生もステージアップするたびに卒業力をつけてくって感じ。

今まで手にしてきたモノやコトを手放すのには勇気がいるけど、手放さないと卒業できないなら勇気を振り絞って手放そう。

手放さないと、入ってこない

人生には人それぞれ、節目みたいなものがあって、それが天の采配なのか？　絶妙なタイミングで訪れる。

後から振り返ると、だからあんなことが起こったんだなぁ〜って感じ。

その時は、もうお終いだって絶望的に感じたことも、その出来事への意味付けが変わったら、あの絶望的な出来事のお陰で、今の幸せがあるって思えたりする。

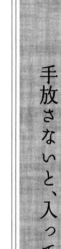

１９９１年にバブルが崩壊して、大変なことになった。

事業も私生活も、精神的にこんなに苦しいっていったい何？　って絶望的に思えたけど、あのいろいろな大変なことがあったから、いろんなモノやコトを手放せた。

あの時、バブルが崩壊していなかったら手放していなかったから、今の幸せはなかったわけだし……。

あれから30年経って、世界的にコロナ禍って大変なことになって……やっぱりこの出来事って、人生の節目なんだよね。

人生のラストスパートを素晴らしい、自分らしいものにするための選択。

どんなに厳しい状況でも、人生のラストが素晴らしいものになる選択をしたい。

人生に丼というものがあるとして、丼の中を空っぽにしないと、新しいものを入れられないとしたら、空っぽにするために、一時的にもったいないとか惜しいとか身を裂くような選択をしなくちゃならないかもしれない。でも、　自分の直感に従って選択したら、必ずまた30年後に、あの時コロナ禍が後押ししたなって思える日が来るんだよ。

大変って、大きく変わるって書くよね。大きく変わるって痛みを伴うこともある。

私の場合は、その痛みから逃げたらダメだって、身をもって分かっている。

でも、その痛みの何倍も何十倍もの幸せがやってくることも分かっている。

だから、すべては天の采配か？　ベストタイミングで起こるってこと。

人生のラストを、最も素晴らしい自分らしいものにする選択を、今日もしていこう。

逃げるは恥だが役に立つ

大ヒットしたテレビドラマの題名『逃げるは恥だが役に立つ』は、ハンガリーのことわざで「自分がいる場所、置かれている状況にしがみつく必要はない。自分の得意なことが活かせる場所にいこう。逃げることも選択肢に入れて、自分の戦う場所を選べ」という意味だそう。

風の時代と言われている今、この「逃げるは恥だが役に立つ」がすごく意味のある言葉に感じる。

社会的な常識、家族の期待、自分の中の偏ったルール、様々なしがらみや縛りを自分自身が作って、それにあらがえず苦しんで力尽きてしまわないように「自分の戦う場所を選べ」は、大切な選択肢のひとつだと思うのです。

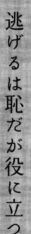

その時に重要なのは、【戦う理由】
勝つことだけに囚われてしまうと本末転倒だ。

自分は何のために戦うのか？

何を大切に生きていきたいのか？

選んだ先で、自分の価値観や在り方に沿った生き方ができるのか？


そこをないがしろにしてただ逃げてばかりいると、同じことの繰り返しをすることになって、そんな自分を許せないココロ持ちになったり、余計に自分を追い込んだりすることもある。

「逃げるは恥だが役に立つ」。

力尽きてしまうまえに、選択肢の一つとして知っていて損はない。

コントロールできないことは手放す

日々生活していると、思いもよらない出来事やとばっちりみたいなことに遭遇したりすることがある。
そんな時、困惑したり不安になったりイライラしたり、いろんな感情になってしまうことはありませんか？

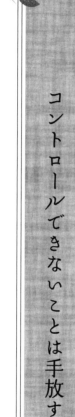

自分ではどうしようもないこと。
自分ではコントロールできないこと。
自分では決められないこと。

そんな状況に陥ると、何だかイライラ、ムカムカ、ガッカリ、シクシク、いろんな気持ちで心が押しつぶされそうになることもあるよね。

それは、人生に起こる出来事や人間関係にはよくあることで、自分の当たり前が相手には当たり前じゃなかったり、自分の正しいが必ずしも相手には当てはまらなかったり。

昔は、そんな時クヨクヨしたり悲しい気持ちになって落ち込んでみたりした。

でも、この詩に出会った時に「あぁ〜、そうだよねぇ〜。今まで無駄な時間と気持ちを使ってきちゃったなぁ〜」って思ったのです。

それが、アメリカの神学者で哲学者でもあるラインホルド・ニーバーの【平静の祈り】とも呼ばれている詩です。

神よ

変えることのできるものには
それを変えるだけの勇気を与えたまえ
変えることのできないものには、
それを受け入れるだけの冷静さを与えたまえ
そして、
変えることのできるものと、
変えることのできないものとを
識別する叡智を与えたまえ

この詩を初めて目にした時、何だか心がスーッと軽くなったのを覚えてる。

そうだよ！　そうだよ！　過去と他人は変えられないが、自分と未来は変えられるって、二十代で起業しようって決めた時に教えてもらってたじゃん。

自分ではどうしようもできないことで、イライラしたりクヨクヨしてもココロがすり減っちゃうだけでいいことなんてなんにもないよ。

起こった事象は既に起こっちゃってるし、相手の気持ちや、どうしてそう考えるの？　って思っても、それはその人の気持ちであって自分にはどうしようもないことなんだから。

そこに、イライラ、クヨクヨして時間を費やしてしまったら、自分の人生がもったいない。

そう思えるようになってから、少しずつ前に進む速度が速くなってきた感じがします。

今でも、まだまだ人間成長中なので、時々……えっ！ なんでっ？ なんてことが起こった時に、一瞬、イラッ！ ムカッ！ ウソッ！ みたいな時があるけど、そんな時にはこの詩を思い出して、冷静に冷静に、もったいないもったいないって、自分を落ち着かせている。

そして、今自分にできること、自分でコントロールできることを丁寧にやっていこうって、自分を、よしよししてあげるのです。

コロナ禍の時、当たり前にできていたことができなくなったり。普通に会えていた人と、会えなくなったり、仕事が思うようにできなくなったり。

いろんなことが自分ではコントロールできなくなったけど、そのコントロールできないことばかり見ていると、身動きが取れなくなって、どうしていいか分からなくなって、自分の人生まで思い通りにならないような気になっちゃう。

だから、そんな時こそ自分に今できること、自分でコントロールできることだけを見て、それを一つひとつ丁寧にコツコツとやっていくのです。

すると、必ず前に進んでいるよ！

一年後、三年後、振り返った時に、意外に遠くまで来てるよ！

自分の気持ちは、自分のごきげんは、自分でコントロールできる。

どんなことが起こっても、誰かに何か言われても、自分のなりたい自分、自分の思い描いた人生、自分の生きたい未来だけを見てコントロールできることを着実に丁寧にやっていこう！

○○なふりはしない

自分のココロ持ちが、ホッとしている時って幸せを感じやすいなぁ〜って気づいてから、これ絶対にやめたほうがいいってことが、〝○○なふり〟をすること。

他人からどう思われているかばかり気にしていた私は、分かっているふり、頭がいいふり、知っているふりをすることが多々あった。

〝○○なふり〟をするのは、すごいって思われたいからだよね。

本当にすごいならいいけど、すごくないのにそう思われたくてやる〝○○なふり〟は、自分を窮地に陥れることもある。

だって、〝○○なふり〟をするってことは、自分に嘘をついているから正直に生きてない。

最初の頃は、できるふりをしてしまった自分ができないって言えないから、できるように必死に頑張って、できるようになったこともたくさんあるから良かったけど、それがどんどんどんどん続くと、苦しくなっていく。

苦しい中で、チャレンジしたり頑張っても上手くいかないことが増えて、今度は自己嫌悪になったりする。

だから、
できるふり。
分かっているふり。
知っているふり。
……やめようって決めた。

決めたら途端に、楽になったよ。
決めたら、自分のできないことをできる人が現れる。
知らないことを、知りませんって言えたら教えてくれる人が現れる。

そういえば、年下の旦那様と結婚しようって決めたひとつが、尊敬できるところ。
こんなエピソードがありました。

付き合いだしたばかりの頃、私は自分が成長して何でも知っているなんて高を括っていたところがあった。
ある日、彼に「いっこちゃんって、〇〇知ってる？　って聞かれたら、知ってる知ってるって、よく言うよね？　あれ、もったいないと思うよ」って言われたことがあって、最初はちょっとムッとしたけど、「なんで？」って聞き返したら、

「だって、相手の人はそのことについて話したかったんだから、知ってるって言ったらそこで、話は終わりでしょ。もし、知っていても、何？って聞いてあげたら、その人がそのことに対して知っていることを話してくれるから、そのことに対しての内容が五個あったとして、いっこちゃんは、そのうちの三つしか知らなくて、その人は残りの二つを教えてくれるかもしれないから得でしょ」

「仮に、その人が話してくれたことが全部自分の知っていることだとしたら、心の中で知ってたなって思えばいいだけじゃん」

う〜ん。ホントにその通りだぁ〜。

今まで、なんて損してたんだぁ〜って。気づかせてもらった。旦那様ありがとう。

〝〇〇なふり〟はしない。楽に生きていくコツ。

隙間を作る

私は、小さい頃からお片付けが苦手だ。

長屋の時は、持ち物も最低限だったからそんなに散らかることはないはずなのに、なぜか私の周りだけは散らかっていた。

大人になって自分の部屋を借りた時も、最初はウキウキで絶対に散らかさないって決めるけど、いつの間にか散らかってしまう。

散らかった上に、新しい洋服とかを買うもんだから、もう大変なことになる。

それでもって、もったいない精神が染みついているから捨てるに捨てられない。

でも、スッキリしない部屋で考えたり、学んだり、仕事したりしても、何だか身にならない感じがするのも事実。

忙しさを言い訳に、ほこりじゃ死なないから！　なんて自分に言い聞かせてた。だから、独身時代は二年に一回は引っ越しをしていた。引っ越しビンボーとはこのことだ。

学んで成長していくうちに、整理するってことがいかに大切なことなのかに気づかされた。パンパンに詰まったカバンに、すっごく美味しそうなパンをもらっても入れられないように。

家も持ち物も、思考も隙間を作っておかないと新しいものはやってこない。

仕事も人間関係も同じで、少し余裕があるくらいじゃないと新しい仕事や人脈と出会えない。

だから、まず隙間を作ることにした。手っ取り早くタンスの中から始めよう。

期待するのをやめる

起業してから数年が経った頃、いろんな人からいろんな相談を受けるようになった。

事業のことから、夫婦関係のことや子育てのこと。相談内容は多岐にわたった。

なんか、よろず相談所みたいだなって、笑えてきた。

相談内容を聞いていると、とにかく自分以外の誰かに、期待しすぎなんじゃない？　って思えることが多い気がした。

自分はこんなにやっているのにとか。

自分の考えはこうなのにとか。

こんなふうにしてほしいのにとか。


大体、要求が多いんだよなぁ〜。

自分の思い通りにしようとすると、そうならない時に腹が立ったり、イライラしたり、悲しくなったりして、自分で自分のココロ模様を悪天候にしちゃうのに……。

だから、自分以外の人に過度の期待はしないって決めた。

自分だって人から期待されてそのようにできなかった時に、その人が怒ったりガッカリされたら悲しいココロ持ちになるから、人にもしない。

なので、二人の息子に勉強しなさいってうるさく言ったことがない。

子どもって、しなさいって言うとしないのに、言わないと勝手にやるみたい。

ただ、二人の息子に言っておいたのは、ママとパパは働いてお金をいただいてくるのが仕事。

子どもは、学校で勉強して運動して友達と遊ぶのが仕事。

大人が仕事しないとお金をもらえないから、二人もご飯食べられなくなるよね？　それで、いい？　嫌でしょ？　だから、パパもママもお仕事頑張るね。二人も、子どものお仕事頑張ってね。

ってことと、世界中が敵になってもパパとママは二人の味方だから、何でも相談していいんだよってこと。

自由が好きな私が、自分を自由にしてもらうために周りの人たちの自由も尊重するってスタンスは、至極真っ当なことだよね。

それに、他人に期待するのは自分の精神衛生上も良くないよ。

第六章

年を取っても頭も体も柔らかく！　柔軟力

成功の秘訣は、柔軟性かもしれない

他人の評価や目が気になってしまう私は、初めてのことに挑戦してみたいって思ってもそれを完璧にできるのか？　というビビりな自分が出てしまう。

ちゃんとしなきゃって心の中で呪文のように唱えるようになる。

でも、ちゃんとするっておかしいよね？

やったことないことをやるんだから、最初からちゃんとできたら、それは天才だ。

自分でも、どうしてちゃんとしなきゃって思ってしまうのか？　分からないけど、お母さんが危篤になった時も、その〝ちゃんとしなきゃ〟が発動されて……。

もし、お母さんが死んじゃったら、どうしたらいいんだろう？

私が〝ちゃんとしなきゃだ！〟って、まだ、お母さんが死んでもないのに、大学生の弟を連れて私が成人式の時に振袖を借りた互助会に、どうしたらいいか？　を聞きに行った。

今思えば、何やってるんだよ！　って感じなんだけど……互助会の人にも、亡くなる前に聞きに来た人はめずらしいって言われた。

なのに、〝ちゃんとしなきゃ病〟は止まらない。

でも、変わるって決めてから、紆余曲折するうちに、初めてやることに対して、〝ちゃんとしなきゃ病〟の発生率が低くなってくるのが分かった。

それは、いろんな体験をして失敗をたくさん繰り返すうちに……最初から完璧を目指したら、なかなか始められないってことと、完璧な準備をしたところで思いもよらない奇想天外なことは起こるってことを痛いほど味わったからだ。

だから、ちゃんとしなくても大丈夫なんだよね。

自分がちゃんとできなくても、それをちゃんとできる人が現れるし、やっている間にできるようにもなるし。

新しく創造する時に、最初から完璧を求めない。

それよりも、手探りでも最初の一歩を出す勇気のほうが大切なんだよ。

子どもって、体も柔らかいけど思考も柔らかい。だから、突然突拍子もないことをやっちゃったりして大人をびっくりさせるけど、あの柔らかい思考の中にちゃんとしなきゃは存在しない。

大人だからって、ちゃんとしなくてもいいんだよ。自分が閃いたこと、やってみたいなって思ったこと。じゃんじゃん、まずはやってみちゃったらいいよ。

やってみないと、それが正解なのか？　違うのか？　だって分からない。

子どもみたいに体も頭も柔軟性をもって、人生後半戦を輝かせるためにやりたいことやっちゃおっ！

おもしろいと思ったことは迷わず食いつく

子どもの頃は、ワクワクしたら自然と体が動いていて、できるかどうかなんて考える暇もなくやっちゃってたよね？


それがどんなに無謀なことでも、ワクワクしたらやっちゃってた。

でも、大人になると失敗の経験が足を引っ張る。

ワクワクしているのに、なんかドキドキもしちゃう。

そのドキドキって、もし失敗したらどうしよう？　ってドキドキなんだよね。やってみないと分からないのに……。


自転車の補助輪を外す時に、いっぱい転んでケガもしたけど、乗れるようになったらあとはスーイスイだ。一度、体で覚えたことはしばらくやってなくてもできるよね。

自動車の運転だってそう！　最初はホントに運転なんてできるのか？ってドキドキだったけど、今じゃどこへでもスーイスイだ。

新しいことへの挑戦は、ワクワクだけどドキドキする。

その、ドキドキに負けないようにドキドキさえも楽しもう。

ワクワクした気持ちを楽しもう。人生で挑戦できる時間は限りがある。

還暦を過ぎてから、なおさらそう思う。

この人生であと何回、新しいことにチャレンジできるんだろうって。

だから、ワクワクが見つかったら、ドキドキしてもやっちゃお！

それ！　おもしろいかもって思ったら、迷わずやっちゃお！

歳だから、主婦だから、親だから、〇〇だから、なんて関係ない。

死ぬ時に、やって失敗したことよりやらなかった後悔のほうが大きいって聞くよ！

やって失敗したことは結果を見られたけど、やらなかったことはやっていたらどんな結果だったんだろう？　って思っちゃうから……。


自分のこれからの人生で、今が一番若いんだから。

自分の間違いを堂々と認める

人間は、間違える生きものだって分かってはいてもそれを認めるのは至難の技。

大人になればなるほど、キャリアを積めば積むほど、その傾向が高いなって思う。

でも、自分の間違えを認められずに生きていると、苦しいのは自分なんだよね。

小学生の時に、漢字の書き取りの宿題が出て、やらなきゃやらなきゃって思いながら寝てしまった。

朝起きて、真っ白な漢字のノートを見て真っ青になった。

どうしよう。先生に怒られる！　と思ってしたことが大きな間違いで、漢字のノートを鉛筆で真っ黒になるまで塗りたくった。

そのノートを先生に提出する時に、赤ちゃんの妹がぐちゃぐちゃにしちゃったって言ってしまった。

先生は、絶対に分かっていたのに、それは大変だったねってノートを受け取った。

今でも、思う。

あの時、先生に自分で真っ黒く塗ってしまったって、宿題をできなかったって何で言えなかったんだろうって。

もう、50年くらい前の話なのに、その時の心のチクチクは今でも思い出せる。

人間は、生きていたら誰だって間違えることがある。

間違えてしまったら、その間違えた自分を認めて、間違えましたって伝えよう。

そうすることで、一番ホッとするのは自分だ。

今まで、それが正しいと思ってやってきたことが時代の流れや環境の変化でそうじゃなくなることもある。

そんな時、今まで信じていた自分の価値観や人生観が違ってしまう時がある。

それを間違いだと認めるのは、自分を否定するようで苦しいけど、でも、間違いだと堂々と認めて軌道修正するほうが遥かにもっと多くの苦しみから解放される。

自分で自分を苦しめない

人生は、選択の連続だ。
朝起きてから、ずっと選択をし続けて一日が終わる。
何を着ていくか？
朝食は何を食べるか？
昼食は？
仕事帰りにジムに行くか？
同僚との飲み会に参加するか？

一日、一週間、一カ月、一年、十年、一生……何かしらの選択を繰り返しながら、今の人生を作り上げてきた。

誰だって、いつもベストな選択ができるわけじゃなく、選択ミスをしてしまう時もある。ベストな選択ができた時はいいけど、選択ミスをした時は、自分への対応が大切だ。

何でこっちを選んじゃったかなぁ～って自分を責めて、自分で自分を追い込むのはやめよう。

一生のうち、何百回、何千回、何万回って選択するんだから、ミスをするのは当たり前だ。

ミスした時ほど、自分に優しくなろう。

ミスは誰だってするんだから、落ち着いてって言おう。

そうすると、何でミスしちゃったかな？　って考える余裕が持てる。余裕が持てると、次に同じミスをしなくなるから、間違った選択が減ってくる。

選択が対外的なものなら尚更、相手に申し訳ないって気持ちもあるから、自分だけでも自分を苦しめないように優しくなろう。

自分をけなさない

どうせ私なんてとか、私にはできないからとか。
ナイナイ尽くしで変われない頃の私は、いつもそんなふうに自分で自分をけなしては、やらないこと、できないことを正当化していた気がする。

世間の荒波に出たら、言われもないことでいちゃもん付けてくる人や、人の内心なんか気にしないで自分の思いだけをぶつけてくる人がたくさんいるんだから、せめて自分は自分のことをけなすのはやめよう。

できることも、できないこともあって当たり前だ。
人には、得意も不得意もある。

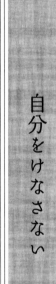

その、不得意なところばかり気にするんじゃなくて、得意なところに目を向ければいいだけ。

二人の息子がまだ幼稚園に上がる前、いつもより少し遠い公園に車で遊びに行ったことがある。

その公園の前には大きなお店があって、手作りのおにぎりやおいなりさん、おはぎなんかが売っていて、そこでおにぎりを買って三人で公園で食べた。ホントに、すっごく美味しいおにぎりで、その店をふと見ると、パートさん募集の張り紙が目に入った。

時間は早朝、５～８時の募集で、その張り紙を見た私は、いいじゃん！まだ子どもたちは寝ているし、パパも出勤前の時間で家にいるし、久々に働けるかもぉ～ってすっごくワクワクした。

ワクワクしたらやっちゃう！　だから早速、その晩にパパに話してオッケーをもらい、お店に連絡をして面接に行った。

すんなり、明日の朝から来てくださいって言われて、三角巾とエプロンを持って早朝にお店に出勤。

しかし、ワクワク気分はここまでだった。

おにぎりは手作りだから、もちろんパートのおばさん達が手袋をした手で握るんだけど、皆さんベテランで早くてご飯の量が均一。

私も、教えてもらったようにやるんだけど、とてもじゃないけど同じようにはできない。いや、多分普通に家でおにぎりを握っている人よりできない。

そうだ。私はぶきっちょだったって思い出した。

初日のパートは、地獄のような、その場からいなくなりたいココロ持ちで終了して、まぁ〜初日だからと自分に言い聞かせて終わった。

二日目の早朝、もうワクワクじゃないココロ持ちでお店に入って、おにぎりを握るんだけど、このままいたら、ホントに泣きだしてしまうかもって感じになっちゃって、二日でパートは辞めさせてもらった。

おにぎりくらい握れるだろうと思った私がバカだったって、昔の私なら自

分で自分をけなしてもっと自分を追い込んで、勝手に落ち込んでいたと思うけど、ちょっとは変われていた私だったから、

「良かったぁ〜。早く気づけて、二日目だけど辞めさせてくださいって言える勇気が出せて！」って自分をほめてあげられた。

そして、それからは手先の器用さが必要なことはそれを得意としている人にお願いをするようにできた。

幼稚園のサブバックやお遊戯会の衣装作りは、得意なママにお願いして作ってもらって本当に助かった。

誰でも、得意なことをやるのは苦じゃないし、逆に得意なことで人のお役に立てるのが嬉しくて自己肯定感が爆上がりするんだよね。

だから、自分のダメなところじゃなくて、いいところだけを見てそこを伸ばしてお役に立っていると、いつしかそれが仕事になっちゃってたりする。

許すのは自分のため

一番困難で、一番勇気を振り絞った気がする。
人を許すってこと。

自分に害を及ぼした人。
裏切った人。
意地悪をした人。
嫌いな人。
……そんな人を許すってできるわけないって思ってた。

学んでいくうちに、許す心って教わったけど、頭では分かっていても、本心から許せていない自分がいた。

でも、ある時気づけたんだよね。

許すのは、その人のためじゃない。自分のためなんだって。

それは、ある時ラジオから聞こえてきたユーミンの曲。


「♫私を許さないで憎んでも覚えてて～♫」


そうだよなぁ～。その人のことを許さないってことは、ずっと自分の心の中に許せないその人を残していて、憎しみとか悔しさとか妬みとかそんな感情も一緒に持ち続けているってこと。つまり、自分のココロを自分自身で痛めつけているってことなんだよ。

そんな感情を与えたその人は、もうそのことなんかすっかり忘れて、今ディズニーランドで楽しんでいるかもしれないのに……。

だから、許すのは自分のためなんだって自分に言い聞かせたけど、最初は上手くできなくて、そこで思ったのが、忘れよう！ってこと。

そんなこと。そんな人のこと。忘れよう！


忘れちゃえば許したのと同じだ。

忘れちゃうには、新しいこと、新しい人に出会うのが一番手っ取り早い。


没頭できるものを見つけるのも手だ。没頭できるものがあると、ほかのことは忘れちゃうからね。

いつまでも、許せないことや人のことを考えるのは、今日でやめにしよう。

それは、誰でもない大切な自分のため。

他人は他人。自分は自分。

ビンボー長屋にいる時は、周りがみんな同じ環境だから引け目を感じることもなかったけど、小さな水槽から大海原に出てみたら、キラキラした魚や巨大なサメや見たことのない生物に圧倒されまくる。

でも、どうにかこうにかその中でもがいて成長していくうちに、自分もあんなふうにすごくなりたい！　って思い始めた。

最初は、自分が幸せになるっていうのがテーマだったのに、いつしか、すごいって思われたい、素晴らしいですねって言われたいみたいになって、どんどん最初の思いと違うほうに頑張っちゃってた時があった。

それって、終わりがないんだよね。

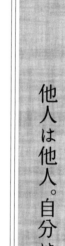

だって、例えば自分が少しだけすごくなれても、もっとすごい人がまた現れる。

素晴らしいですねって言われたくてやっていると、本質を見失ってやらなくていい無理をする。

人間は一人ひとり、能力も魅力も価値観も全部違って、全部いいのに……。

そもそも最初から、幸せを比べることなんて無意味なのに。


他人は他人。自分は自分。

同じ価値観の人同士が惹きつけあって、同じ目標や夢の実現に協力し合うのはいいけど。

同じじゃないのに、同じにしようとする行動はお互いにマイナスだ。

それなら、違う土俵でお互いの人生を全うしたほうが気持ちいい。

シャネルのスーツを着ているけどお茶漬けが好きな人もいれば、スニーカーにＴシャツでも食事は一流じゃなきゃって人もいる。

他人は他人。自分は自分。

そうやって思えたら、お気楽に生きていける。

お気楽＝お喜楽

喜んで楽しく楽に生きていると、喜んで楽しく楽に生きている人と出会うよ。

老後の安心のためにお金が必要だって思って、一生懸命どうにか成功しようってやっている人に時々会う。

かくいう、私も最初は成功＝お金だって思ってた。

でも、安心ってココロが穏やかで「ほっ」とした状態のことなんだよね。

心配や気がかりがなくて、ココロが落ち着いて安らかな状態。
その状態になりたくて頑張っているのに、毎日が心配や気がかりや恐れや怒りに満ちていたら本末転倒だと思う。

そんなこと言われても頑張らなくちゃだから！　って、その気持ちも分かるけど、一回ちょっとお気楽になる勇気出してみて。

おわりに

最後までお読みいただきありがとうございました。

この本を手にしてくださったあなたと、出版の機会をくださった「風の学校」の校長でベストセラー作家の山﨑拓巳さん、Clover出版の皆様、応援してくださった仲間たちと、細部にわたりお世話になった編集者の坂本京子さん、田谷裕章さんにまずはお礼を言わせてください。ありがとうございました。

そして、私の自由人計画を認めて許して自由にさせてくれる主人と息子たちに、あなたたちの存在が私の力になりました。

ビンボー長屋で生まれ育った、何にもなかったビビリな私が、ビビリながらも勇気を出して挑戦して成長していった結果、今は母の墓前で「私、今、幸せだよ。ありがとう」って言える自分になれました。

私が二十歳からの40年間、紆余曲折しながら自分の幸せのカタチを試行錯誤しながら、今の境地に至った経緯を、人生後半戦を諦めないで輝くものにしてほしいって思いで書きました。

幸せのカタチは、人それぞれ。

それぞれの幸せのカタチになるように、ほんの少しの気づきと勇気が出せたら、きっといい人生だったなぁ〜って言えるようになるんじゃないかなって思うのです。

最後に、幼稚園の時に大きくなったら何になりたいか？　という先生の質問に私は大きな声で、

「いっこちゃん、インディアンになる！」

って言ったのを鮮明に覚えていて、そのころからなぜかインディアンにまつわるモノやお話が好きでした。


それがなぜなのか？

数年前に次にあげる詩に出会って、妙に納得したのです。

私の幸せのカタチが、ぎっしりこのネイティブアメリカンの長老の詩に詰まっています。


本を読んでいただいたあなたが、一度きりの自分の人生を、最高に幸せな人生だと思えるように、そしてそれは、ほんの少しの勇気で変わるってことを思い出していただけたら幸いです。

そしてあなたの人生が、より幸せと豊かさで溢れますように……。

愛嬌家Ⓡ　長谷川いっこ

オライア・マウンテン・ドリーマー
ネイティブアメリカンの長老の詩

あなたが生活のために何をしているかは、どうでもいいことです。
私はあなたが何に憧れ、どんな夢に挑戦するのかを知りたいと思います。
あなたが何歳かということも関係のないことです。
あなたが愛や夢や冒険のために、どれだけ自分を懸けることができるか知りたいのです。

あなたがどの星座の生まれかということもどうでもいいことです。

あなたが本当に深い悲しみを知っているか、人生の裏切りにさらされたことがあるか、それによって傷つくのが怖いばかりに心を閉ざしてしまっていないかを知りたいのです。

あなたが自分のものであれ人のものであれ、痛みを無視したり、簡単に片付けたりせずに、それを自分のものとして受け止めているのかを知りた

いのです。

また、喜びの時は、それが私のものであれ、あなたのものであれ、心から喜び、夢中になって踊り、恍惚感に全身をゆだねることができるかどうかを知りたいのです。

気をつけろとか、現実的になれとか、たいしたことはないさなどと言わずに。

私はあなたが話すことが本当かどうかには関心はありません。

私はあなたが自分自身に正直であるためには、他人を失望させることでさえ、あえてすることができるかどうかを知りたいのです。

たとえ裏切りだと責められても、自分自身の魂を裏切るよりはその非難に耐えるほうを選ぶことができるかどうかを。

たとえ不実だと言われても、そんな時にあなたがどうするかによって、あなたという人が信頼に値するかどうかを知りたいのです。

私はあなたが本当の美がわかるかを知りたいのです。

それが見た目に美しく見えない時でも、毎日そこから本当に美しいものを人生に組み上げることができるかどうかを。

私は、あなたがたとえ失敗しても、それを受け止めて共に生きることができるかどうか、それでも湖の縁に立ち、銀色に輝く満月に向かってYESと叫ぶことができるかどうかを知りたいのです。

あなたがどこに住んでいるか、どれだけお金があるかはどうでもいいことです。
それよりも、あなたが悲しみと絶望に打ちひしがれ、どんなに疲れ果てていても、また朝が来れば起き上がり、子どもたちを食べさせるためにしなければならないことをするかどうかを知りたいのです。

あなたが誰を知っているか、あなたがどうしてここに来たかは関係ありません。
私とともに決してひるまずに炎の只中に立つことができる

かどうかが知りたいのです。

あなたがどこで、何を、誰と勉強したかどうかはどうでもいいことです。

私が知りたいのは、皆が見捨ててたった一人になった時、あなたの内側からあなたを支えるものは何かということです。

私はあなたが自分自身としっかり向き合い、その何もない時間の中にいる自分を心から愛しているのかどうかを知りたいと思っているのです。

講演活動

- ○ 仕事で差がつくコミュニケーション力
- ○ やる気スイッチは、脳と心と腸にあった
- ○ 実践！　愛嬌力劇的チェンジプログラム
- ○ 愛され女子力向上講座
- ○ 女性活躍推進に向けて
- ○ リーダーのための栄養睡眠講座

座右の銘

「運と愛嬌！ これが道をひらく鍵である」松下幸之助

愛嬌家®長谷川いっこ公式LINE

ごきげんで過ごすためのヒント満載！

登録の方には人生を豊かにする
特典PDFプレゼント中！

大人気ブログ
毎日「ごきげんさん」

Instagram
著者の今が
Liveでわかる！

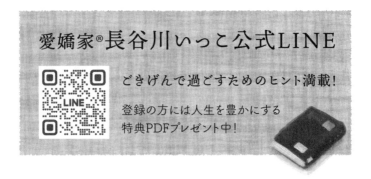

愛嬌家®

長谷川 いっこ

1962年　東京都生まれ

公立高校卒業後、都市銀行に入行

20歳で起業し、26歳で賃貸住宅経営

30歳で結婚、二児の母となる

37歳で有限会社を設立、創業24年

54歳でウーマンビレッジクラブを設立

資格

○ 栄養睡眠改善トレーナー、生活習慣病予防士

○ やる気のスイッチパーソナルコーチ

○ 愛嬌家®として、メンタルマネジメント

○ コミュニケーション術、リーダーシップ論など

その他の
活動はこちら!

『他力を動かす信頼関係の作り方』
Amazon Kindleにて、
大好評発売中!

参考文献
日蓮宗　ポータルサイト
『影響力の武器　なぜ、人は動かされるのか』
ロバート・B・チャルディーニ〔著〕、社会行動研究会〔翻訳〕
誠信書房　2014年

STAFF
装丁・デザイン　宮本紗綾佳
イラスト　佐藤右志
校正　伊能朋子
DTP　松本圭司(株)のほん
編集　坂本京子　小田実紀

愛嬌力で人生がピカピカに輝く!
きらめく50代からの人生に必要な五つの力

初版1刷発行　2024年3月20日

著　者　長谷川いっこ
発行者　小川泰史
発行所　㈱Clover出版
〒101-0051
東京都千代田区
神田神保町3丁目27番地8
三輪ビル5階
電話　03(6910)0605
FAX　03(6910)0606
https://cloverpub.jp
印刷所　モリモト印刷株式会社

© Ikko Hasegawa, 2024, Printed in Japan
ISBN978-4-86734-205-3　C0095

乱丁、落丁本は小社までお送りください。
送料当社負担にてお取り替えいたします。
本書の内容の一部または全部を無断で複製、掲載、転載することを禁じます。

本書の内容に関するお問い合わせは、
info@cloverpub.jp宛に
メールでお願い申し上げます